中国上市公司政府补贴的政策效应研究

许 罡 著

中国财经出版传媒集团

经济科学出版社

Economic Science Press

图书在版编目（CIP）数据

中国上市公司政府补贴的政策效应研究/许罡著.
—北京：经济科学出版社，2017.5
ISBN 978 - 7 - 5141 - 8064 - 0

Ⅰ.①中… Ⅱ.①许… Ⅲ.①上市公司 - 政府
补贴 - 研究 - 中国 Ⅳ.①F279.246

中国版本图书馆 CIP 数据核字（2017）第 110891 号

责任编辑：黄双蓉
责任校对：王肖楠
版式设计：齐　杰
责任印制：邱　天

中国上市公司政府补贴的政策效应研究
许　罡　著
经济科学出版社出版、发行　新华书店经销
社址：北京市海淀区阜成路甲 28 号　邮编：100142
总编部电话：010 - 88191217　发行部电话：010 - 88191522
网址：www. esp. com. cn
电子邮件：esp@ esp. com. cn
天猫网店：经济科学出版社旗舰店
网址：http://jjkxcbs. tmall. com
固安华明印业有限公司印装
787×1092　16 开　9. 75 印张　160000 字
2017 年 5 月第 1 版　2017 年 5 月第 1 次印刷
ISBN 978 - 7 - 5141 - 8064 - 0　定价：45. 00 元
（图书出现印装问题，本社负责调换。电话：010 - 88191510）
（版权所有　侵权必究　举报电话：010 - 88191586
电子邮箱：dbts@ esp. com. cn）

前 言
PREFACE

政府补贴作为政府宏观调控的一种重要政策工具，对企业行为产生了重要的影响。2008 年受金融危机冲击，市场需求萎缩，企业效益下滑，投资支出下降，经济增长下行压力增大，中国政府出台了四万亿元刺激政策促进经济增长，在资本市场上，政府对上市公司补贴随之显著增加，据《上海证券报》报道，2012 年逾九成的上市公司收到各种形式的政府补贴，更有一百多家上市公司收到政府补贴金额过亿，政府补贴的免费"盛宴"引起舆论和公众的关注。

学者们开展了一系列研究，现有文献研究政府补贴问题多是关注政府补贴的影响因素，对企业绩效、创新等的影响以及就业、产业调整等社会效应。其中，对政府补贴政策效应问题，关注政府补贴对企业产出和研发投资的影响，但其对于企业投资方向的影响研究却相对较少。众所周知，企业投资行为不仅受到企业自身能力的影响，而且受到市场条件和政治经济环境的制约，在一定的政治经济和市场环境中，企业行为必然受政府政策约束。改革开放后，我国经济保持了三十年的持续高速增长，政府在经济发展中起主导作用，我国的经济增长模式也呈现为典型的政府主导型经济增长模式。当前正处于市场经济经济转型的过渡时期，政府直接参与经济的意愿强烈，因此，企业投资是在政府外部控制基础上企业的自主决策结果，政府补贴这一干预行为对企业投资行为可能产生重大影响。

　　研究政府补贴问题应结合我国的制度环境，本书研究之问题所隐含的制度逻辑在于财政分权和经济增长导向下地方官员晋升的激励机制和由此形成的政绩考核观决定了地方政府官员的利益导向和行为动机，政府补贴可以成为地方政府干预以扩大企业投资的重要政策手段，政府补贴可能影响企业投资行为。鉴于四万亿元经济刺激政策出台后，政府补贴大幅度增长的现象，本书将研究视角聚焦于政府补贴的政策意图是否意在推动企业投资进而推动经济增长，因此，本书主要通过检验政府补贴与上市公司投资之间的内在相关关系，从而研究政府补贴的政策效应。同时，本书也研究了政府补贴的其他相关问题，诸如企业与政府的关系等影响对政府补贴的影响，政府补贴是否考虑公司的内部控制，以及政府帮助上市公司进行盈余管理的有关问题，这些问题的研究有助于从宏观政策对微观企业影响的角度审视现行政府补贴的政策效应，也为研究宏观政策对微观企业行为影响机理提供了新的证据。

　　本书以我国财政分权的制度以及经济增长导向的政绩考评机制为依据，以政府追求经济增长的动机为主线，以地方政府投资激励为视角，提出了政府补贴的投资激励假说和资本投向激励假说，以我国资本市场 A 股上市公司为样本，检验政府补贴的上述问题，以衡量政府补贴的政策效应，研究结论丰富了政府补贴与企业投资关系研究的文献，有助于更准确地理解和把握政府补贴对于企业投资领域的微观作用机制，可为政府政策优化提供重要参考。

　　本书的主要内容和研究结论如下：

　　（1）经济危机爆发后，中国政府启动四万亿元经济刺激政策，上市公司收到政府补贴情况大幅增长，本书主要从行业分布、区域分布以及等方面对近几年上市公司政府补贴状况进行统计分析。从获得政府补贴的行业看，在政府补贴总额最多的前五大行业中，政府更倾向于补贴公共服务类行业和高新技术产业两类上市公司，反映了各级政府一方面偏好对所属地区高新技术上市公司扶持和资助，说明政府对创新的重视，另一方面又对一些提供公共服务的上市公司可能因为承担的社会目标予以补偿；从政府补贴的地区分布看，政府补贴明显取决于地方政府的财政状况和经济发展水平，虽然西部地区政府对上市公司的扶持力度在逐步加大，但是增长幅度并不明显，且低于东部地区，原因在于西部地区总体上财政实力有限，地方政府无更多的资金补贴当地企业，这无疑会进一步加剧区域经济发展的不平衡，造成贫者愈贫、富者愈富；从产权性质方面看，政府对非国有上市公司的补助呈现上升态势，但是与国有公司相比较，补助力度还是偏低；从政府补贴总额以及强度来看，与其他公司相比，ST 公司获得的政府补贴也相对较低，可见，通过补助方式来改变 ST 公司的境遇帮助其保壳等可能已经不是政府补贴的主要目的。

（2）本书分析了政府补贴和政府帮助企业进行盈余管理有关问题。首先分别从利益相关者、信息不对称以及委托代理理论角度研究了政府补助，并分析了政府补贴的直接意义和间接意义；然后基于契约摩擦和沟通摩擦以及经济收益观和信息观角度分别阐述了盈余管理的相关理论；最后发现盈余管理有筹资、节税、减少政治成本以及减弱违约风险的动因。本书讨论了政府参与上市公司盈余管理的动机、手段和弊端。发现政府常常为了地方保护和提高其绩效水平而用财政补贴或税收优惠的方式帮助上市公司，参与上市公司的盈余管理。这种行为会在一定程度上破坏资本市场的秩序，还会影响政府预算的执行。

（3）从我国制度环境出发分析了财政分权制度安排下的政府利益动机和行为逻辑，以及由此带来的政企关系变化，进而研究财政分权和企业寻租行为对政府补贴的作用机制。研究发现，财政分权对政府补贴影响显著，具体说，财政分权度越高，地方政府给予属地国有企业的补助越多，地方政府给予民营企业的补助越少，表明政府补贴存在明显的分配不公平现象；研究还发现，上市公司与政府建立的良好关系有助于公司获得政府补贴，这意味着政府补贴决策中要充分考虑公司的寻租行为，避免由此带来的政府补贴丧失公平。研究表明财政分权成为政府追求经济增长的制度逻辑，并以此为理论依据，研究政府补贴激励投资以追求经济增长的政策意图，及由此对公司投资行为的影响。

（4）立足于经济社会转型期中国的现实情境和政府主导企业内部控制建设前提下，研究政府补贴对各类企业内部控制执行有效性的影响。研究发现，在控制其他因素的情况下，内部控制质量高的公司，更容易获得政府补贴；对于非国有公司二者的正相关关系更显著；对于具有政治关联的公司，正相关关系减弱甚至消失。这表明，企业积极迎合政府意向，提高内部控制质量释放了迎合信号，有助于获得更多的政府补贴，政府补贴发挥了引导企业加强内部控制建设的作用。

这也说明政府补贴行为具有一定合理性，政府对微观企业行为的干预作用，在一定条件下可以引导公司内部控制制度的建立。但同时，民营企业建立政治关联的寻租行为，也在一定条件下破坏企业内部控制执行的信号显示效应。

（5）本书主要检验了政府补贴对公司资本投资方向的影响。研究发现，政府补贴显著影响了公司的资本投资方向，具体说，政府补贴一方面刺激了公司扩大的固定资产投资水平，另一方面公司削减了对外投资水平，表明公司为扩大对内投资而挤占了对外投资；经济增长的相对业绩显著影响了政府补贴和固定资产投资的正向关系，经济增长速度越高的地区，上述正相关关系越减弱；政府补贴的积极作用在于促进了企业的研发投入；相比于中央企业，补贴对地方政府控制企业的投资激励效应更显著。研究表明，经济增长的竞争动机促使地方政府采用政府补贴的方式来引导公司的投资，鼓励公司扩大规模以实现带动经济增长的意图明显；政府补贴对造成固定资产投资过度有一定影响。研究结论显示，政府补贴成为地方政府"促投资、谋增长"的一种手段，促使企业"优先选择"对经济增长拉动明显的固定资产投资，而相对削减企业的对外投资和无形资产投资，结果可能导致固定资产投资过度和技术开发投入的相对不足，体现了经济粗放式增长的特点，不利于宏观经济结构升级和实现高质量的经济增长。

（6）本书研究了政府补贴对公司投资支出及过度投资的影响。研究发现：政府补贴激励了上市公司投资的积极性，政府补贴越多，公司资本投资越高；政府补贴对非国有公司投资激励比国有公司更敏感；各地区市场化程度和经济增长业绩水平显著影响政府补贴的投资，市场化程度越低、经济增长业绩越缓慢的地区，政府补贴对公司投资支出影响程度越大。政府补贴加剧了其过度投资；因此，从投资效率角度看，政府补贴的政策配置尚需改进。

本书的贡献主要体现在：第一，提出了政府补贴的投资激励假说和资本投向激励偏假说，本书研究发现地方政府利益驱使政府以补助来引导企业投资，并进一步影响企业资本投向，从而为政府决策对企业微观行为的影响提供了新的证据。第二，以往研究多是研究政府补贴对企业投资支出的总体影响，本书则从政府补贴影响企业具体投资结构和方向这一视角，深入阐释了政府补贴影响企业投资结构因素及其后果，丰富了政府补贴与企业投资关系研究的文献。

本书研究结论表明，从政府补贴的投资激励效用来看，政府补贴是低效的。现行的政绩考核机制强化了地方政府通过补贴促进企业优先选择对经济增长拉动明显的固定资产投资的动机，既干扰了微观企业的自主决策行为，又不利于宏观经济实现高质量高效率的增长。因此，政府补贴政策尚待改进，本书提出了相应的政策建议：规范政企关系，构建和谐公平公正的市场环境；完善政府补贴披露制度，建立补贴后监控机制；建立和完善政府补贴使用效率评价制度；真正改变单纯的以经济增长为导向的政绩考核机制。

从政府补贴的动机看，既有帮助所属企业进行盈余管理，以维护企业形象，也有针对当前在政府补贴备受争议的情势下，引导公司提高内部控制质量，降低地方政府的风险，以减少政府补贴争议等动机。

因此，如何针对不同对象制定适宜的政策，如何实现政府补贴的趋利避害，需要严格的产权保护政策与法律法规、提供公平自由的竞争环境，需要减少民营企业的寻租动机，促进市场竞争机制的完善。

作　者
2017 年 5 月

目 录
CONTENTS

第一章

绪　　论

第一节　研究背景

　　宏观经济政策和政府政策对微观企业行为的作用结果，一直颇受理论实务界关注，由于学科分野等因素，将二者结合起来具体研究并不是主流。研究表明政府政策通过一定的传导机制，影响企业预期，进而改变企业行为。

　　政府补贴作为干预经济的直接手段，几乎被各国政府采用。例如，美国政府就曾援助因为金融危机而濒临破产的房地美、房利美和 AIG 保险公司等。

　　2008 年受金融危机冲击，市场需求萎缩，企业效益下滑，投资支出下降，经济增长下行压力增大，中国政府出台了四万亿元刺激政策以促进经济增长，在资本市场上，政府对上市公司补贴随之显著增加，据《上海证券报》报道，2012 年逾九成的上市公司收到各种形式的政府补贴，更有一百多家上市公司收到的政府补贴金额超过亿元，政府补贴的免费"盛宴"引起舆论和公众的关注。

　　许多学者很早就关注政府补贴问题，并为此开展了一系列研究，现有文献研究政府补贴问题多是关注政府补贴的影响因素，对企业绩效、创新等的影响以及就业、产业调整等社会效应。其中，对政府补贴政策效应问题，已有研究多是关注政府补贴对企业产出和研发投资的影响，但其对于企业投资方向及投资效率影响的研究却相对较少。

　　众所周知，企业投资是企业根据经营战略和未来预期等做出的决策，会受到市场条件和政治经济环境的约束，在一定的政治经济和市场环境中，企业行为必然受政府政策的约束限制。就中国企业而言，当前正处于市场经济转型的过渡时期，政府直接参与经济的意愿强烈，因此，企业投资是政府外部控制基础上的企业进行自主决策结果，政府补贴这一干预行为对企业投资行为可能产生重大影响。

改革开放伊始的分权改革极大地激发了各地经济发展热情，创造了三十多年经济高速增长的奇迹，其原因在于分权改革重新构建了地方经济发展和各级地方政府利益关联度，激励起地方政府发展地方经济的积极性。出于推动经济发展的考虑，地方政府通常给予当地企业提供各种扶持方式，如以直接补贴、财政借款、财政拨款、科技奖励、税收减免以及无偿划拨土地等方式达到扶持当地企业经营进而促进当地经济的发展。

近年来，从披露的上市公司年报看，政府补贴金额少则万元，多则十几亿元，甚至个别公司能收到上百亿元的补贴大单，而且总额呈现明显增长趋势。在金融危机爆发后，政府推出四万亿元的经济刺激政策，在此背景下，政府补贴大幅增长，与之前相比增长接近两倍。2012 年，重庆钢铁、东方航空、上汽集团、TCL、中国国航、海螺水泥 6 家上市公司获得的政府补贴均超过 10 亿元，而中石油收到的政府补贴高达 94 亿元。资本市场上诸多公司频频发布政府补贴公告，尽情享用政府补贴的"免费午餐"。据《上海证券报》报道，2012 年逾九成的上市公司收到各种形式的政府补贴。政府补贴是产业引导、创新激励等弥补市场机制的政策工具，但是巨额补助往往会引发公众和媒体的质疑。

目前，在我国资本市场发展过程中，上市公司的数量和绩效通常被认为与地方政府的政绩和形象密不可分，很多研究认为，政府补贴可以提高企业业绩，提升地方政府形象。

此轮经济危机之后，政府补贴数量激增，除了提高公司业绩，帮助公司度过难关以外，是否还有其他政策意图？联系到此轮政府补贴出台时，全球经济面临陷入低迷的背景，中国政府给予上市公司巨额补贴是否体现了政府刺激投资来摆脱经济低迷和保持经济增长速度的期望？上市公司收到的政府补贴显著增长的现象是否可以理解为：政府提供政府补贴，接受补助的企业可以回馈政府需求——如减少对外资而扩大规模投资以追求地区经济增长？因此，本书主要研究上市公司的投资支出和资本投向，如投资水平和对外投资、无形资产投资和固定资产投资等是否受到政府补贴的影响。这一系列问题尚有待于更严格更系统的实证检验，本书以我国资本市场 A 股上市公司为样本研究政府补贴的上述相关问题，通过实证研究方式，检验政府补贴的投资激励效应，以此评价此轮政府补贴的政策效应。

研究中国经济问题必须结合中国的制度环境，本书所研究问题隐含的制度逻辑在于财政分权和经济增长导向的政绩观决定了地方政府的行为动机，政府补贴可以成为地方政府干预以扩大企业投资的重要政策手段，因此可能影响企业投资行为。鉴于四万亿元经济刺激政策出台后，政府补贴大幅度增长的现象，本书将研究视角聚焦于政府补贴的政策意图是否意在推动企业投资以推动经济增长，因此，本书主要通过检验政府补贴与上市公司投资之间的内在相关关系，从而研究政府补贴的政策效应。同时，本书也研究了政府补贴的其他相关问题，诸如企业的政治关联等因素对政府补贴的影响，这些问题的研究有助于从宏观政策对微观企业影响的角度审视现行政府补贴的政策效应，也为研究宏观政策对微观企业行为影响机理提供了新的证据。

经济转型过程中，现行的政府补贴政策效应如何，怎样更好利用政府补贴这一工具，是本书的研究目标所在。本书以企业投资为切入点，检验政府补贴对企业投资影响，以期为政府在转轨经济中的政策机制和作用提供一些新的经验证据，并在此基础上有针对性地提出资源配置政策建议。

第二节　研究意义

本书以我国财政分权的制度以及经济增长导向的政绩考评机制为依据，以政府追求经济增长的利益动机为主线，以投资激励为视角，提出了政府补贴的投资激励假说和资本投向激励假说，以我国资本市场 A 股上市公司为样本，检验政府补贴的上述问题，以衡量政府补贴的政策效应，研究结论丰富了政府补贴与企业投资关系研究的文献，有助于更准确地理解和把握政府补贴对于企业投资领域的微观作用机制，可为政府政策优化提供重要参考。

在理论价值方面，本书将综合并拓展现有的关于政府补贴的研究。现有的研究主要讨论了政府补贴的动机和手段及对于财务绩效的影响，国内的文献也开始从政府与企业关系角度来考察政府补贴决策机制，但是并没有从制度环境上分析政府补贴决策背后的动因，本书以分权化的制度背景出发研究政府补贴机制，从而对现行政府补贴决策的改进提供依据。

本书的贡献主要体现在：第一，分析了地方政府利益诉求驱使政府通过补助方式来引导企业投资，进而影响了企业投资方向，从而为政府决策对企业微观行为的影响提供了新的证据，对研究政企关系的文献有所发展，同时可为政府政策优化提供重要参考。第二，以往文献多是研究政府补贴对企业投资支出水平的影响，本书则从政府补贴影响企业投资方向这一视角，深入阐释了政府补贴影响企业投资方向的机制及其后果，丰富了政府补贴与企业投资关系研究的文献，有助于更准确地理解和把握政府补贴对于企业投资领域的微观作用机制。第三，本书研究表明，经济增长的政绩诉求，显著影响了地方政府补贴对企业投资激励的作用，现行的政绩考核机制强化了地方政府通过补助促进企业优先选择对经济增长拉动明显的固定资产投资的动机，扭曲了企业的资源配置。第四，由于企业不同投资方向的价值创造方式对于经济持续增长的作用途径和时效差别巨大，本书的研究结论一定程度上解释了宏观经济结构失衡的微观原因。

在实际应用价值方面，本书探讨政府补贴是否影响企业的投资水平和投资方向，阐释政府补贴影响企业投资方向的机制及其后果，有助于更准确地理解和把握政府补贴对于企业投资领域的微观作用机制，从而为政府补贴的合理配置提供经验和借鉴。本书研究可以为政府补贴的改革提供一些经验证据和理论指导，本书的研究结果对如何对各类企业有效地实施政府补贴，发挥政府补贴政策的最佳效果，进而对于推进各类企业的公平参与市场竞争，建立新型的政府企业关系，引导企业合理调整投资方向，提高企业竞争力具有较强的现实意义。本书研究表明，以经济增长为基础的政绩考核机制强化了地方政府干预动机，扭曲企业的资源配置，证实了单纯追求经济增长政绩观所引致的政府政策的弊端。

第三节　研究思路与方法

本书遵循提出问题—分析问题—解决问题的一般研究范式，综合运用规范研究和大样本实证研究等方法。其中：用规范的逻辑构建本书的整体框架；在理论分析部分主要是基于地方政府的利益取向和行为逻辑，以各级地方政府推进经济增长的投资冲动和短期的政绩追求来理解以政府补贴干预企业投资的动机。实证研究部分，本书以我国上市公司为样本检验政府补贴与企业投资的关系。

本书强调制度分析法，关注我国制度环境所形成的政府投资冲动和政企关系及由此产生的政府补贴的激励投资意图，以企业投资增长视角来研究政府补贴政策效应。基本思路是：首先分析我国的制度环境，以财政分权和地方经济增长竞争为出发点，分析地方政府的利益导向和行为动机，并在此基础上，理解政府补贴所体现的政策意图，并进一步研究政府补贴和企业投资的关系，然后运用我国上市公司的经验证据来对上述分析进行检验，最后根据上述研究结论就如何完善我国的政府补贴提出相应的政策建议。本书的研究脉络如下：

本书首先探讨了国内外学界对于政府补贴性质、内容、作用等基本的一致认识。在各国政府加深经济干预的环境下，政府补贴成为各国政府管理与调节社会经济的常用财政工具。改革开放后，在我国市场化进程和分权体制改革中地方政府形成了自己的利益格局，形成经济分权的制度环境，为了实现经济增长，激励各级政府谋求经济发展，以经济增长为导向的政绩考评决定了官员职务晋升，从而形成一心追求经济增长的政绩观，这样的制度逻辑提供了我们理解政府行为动机的最基本最重要的制度基础。本书认为政府补贴一方面显示了政府对地方经济发展的干预，另一方面代表了地方政府实现自身目标的意图，政府补贴还是政府与企业间联系的一种体现。财政分权和政绩诉求成为理解政府补贴的重要逻辑基础。

在对有关政府补贴动机的研究文献评述之后，本书第三章主要通过对政府补贴现状的统计分析，揭示我国现阶段上市公司收到政府补贴的行业分布、地区分布等状况，客观评价政府补贴的得失，为后文探讨政府补贴的政策效应提供思路和方向。

为理解提供政府补贴的动机，本书第四章研究政府的动机和政企关系对政府补贴决策的影响，用经验研究方法检验财政分权、政企关系和政府补贴的内在关系，从而揭示政府利益动机在补助决策时成为重要的考虑因素。

政府补贴的一个重要功能是产业引导，而产业引导需要通过引导和调节企业投资来实现，因此，本书重点研究政府补贴对企业投资的影响，而目前研究政府补贴对企业投资行为影响机理与过程的文献还较少，本书第五章和第六章研究政府补贴对公司投资方向和投资效率的影响,以此检验政府补贴的政策效应。企业投资一般包括投资支出水平和具体投资方向等方面,本书通过建立公司投资模型,研究政府补贴是否影响微观主体的投资支出、过度投资,由于不同的投资方向对经济增长的贡献和功能各不相同,本书研究了政府补贴对企业投资方向影响,进而揭示政府补贴的政策效应。

经济学研究的主要方法是理论分析和实证研究,本书在研究政府补贴对企业投资影响过程中,首先通过理论分析,提出有关假设和假说,然后依据理论分析建立有关回归模型,进行实证检验,最终得出相应的结论。

第四节　研　究　内　容

本书旨在从微观企业角度研究政府补贴的政策效应,联系到政府期望通过刺激投资来摆脱经济低迷和保持经济增长速度的经济刺激政策初衷,针对四万亿元经济刺激政策后政府补贴急剧增长的现象,本书推测:政府补贴给企业提供了免费资源,接受补助的企业扩大投资回馈政府需求——如减少对外投资而扩大规模投资为地区经济增长和地方官员晋升提供政绩支持。因此,本书主要考察我国的制度环境对政府补贴决策行为的作用,以及政府补贴对于企业投资方向和投资效率的影响,并在此基础上,就政府补贴如何合理配置资源提出若干政策建议。本书的主要研究内容如下:

1. 政府补贴的一般理论概述

本部分重点是政府补贴的动机。

2. 政府补贴的相关理论基础

本部分主要分析晋升激励机制和财政分权的制度影响。本部分回归中国的财政分权体制及由此产生的晋升机制,分析地方政府追求经济增长的制度背景。

3. 我国政府对上市公司政府补贴现状分析

本部分梳理我国政府对上市公司提供补助的现状,尤其是对 2007 年新企业会计准则实施以来上市公司获得政府补贴的情况系统考察，重点是政府补贴的行业分布、地区分布等状况，从而理解政府补贴的意图。

4. 政府补贴的盈余管理问题

通过分析政府参加上市公司盈余管理的动机、手段以及弊端得出政府补贴与上市公司盈余管理的关系，并通过案例分析政府补贴的实施效果，分析地方政府财政支持式盈余管理是否真正能够提高上市公司的业绩，最终帮助上市公司达到资本市场再融资的目的。

5. 分权体制和政府利益动机对政府补贴的影响研究

财政分权和晋升激励决定了政府的行为动机，以此为理论基础，本部分主要研究财政分权与政府补贴之间的联系，同时，从企业寻租视角探讨企业与政府建立关系的意图，考察企业与政府关系因素对政府补贴的影响。

6. 政府补贴对企业资本投向的影响研究

本部分主要研究政府补贴对企业资本投资方向的影响。运用 2007 年新企业会计准则实施以来资本市场的数据对其展开实证分析。重点检验政府补贴是否影响企业的对外投资和对内投资、固定资产投资和无形资产投资等。

7. 政府补贴对企业过度投资影响研究

本部分首先通过构建理论模型对政府补贴的投资水平和投资效率进行理论分析，然后，在此基础上，运用 2007 年新企业会计准则实施以来资本市场的数据展开实证检验，旨在检验：我国政府补贴是导致了投资过度抑或替代了投资支出？政府补贴的投资激励是否有利于提升公司价值？以此，研究政府补贴的政策效应。

8. 完善政府补贴政策的若干政策建议

本部分将根据上述理论与实证分析的结果归纳本书的主要研究结论，并就如何完善政府补贴、合理配置资源，提出相关政策建议。该建议重视政府补贴相对于分权的制度环境的内生特征，强调政府补贴应根据制度环境采取有分类配置模式，并强调政府补贴信息披露的重要性。

第五节 本书研究创新

本书第一个创新点在于研究视角方面，立足于中国财政分权的制度安排和基于地方经济增长的竞争机制，基于以上的制度环境和逻辑演化来研究政府行为选择背后的动机，以此为视角研究政府补贴的有关问题，理解政府补贴所体现的政府行为逻辑。本书研究发现，财政分权程度对于政府补贴决策具有显著作用，也证实了经济增长动机对于政府决策行为的重大影响，为我们理解政府补贴提供了新的思路。

本书第二个创新点在于理论分析方面，依据中国的财政分权的制度安排和经济增长为中心的政绩考核机制的制度逻辑和演化，提出了政府补贴的投资激励假说和资本投向激励假说，并以上市公司为样本予以检验政府补贴对于企业投资行为的影响。

现阶段晋升激励机制和经济分权改革导致了各级政府的投资冲动，地方政府以补助的方式引导企业投资，企业为争取资源主动寻租，同时也迎合政府的经济增长需求，"主动"调整投资方向。本书研究为理解我国政府补贴的投资激励动机提出了制度逻辑上的解释。

由于现实中政府官员任期是有限的，其任期内的政绩表现是晋升因素之一，因此政府官员会追求任期内的短期经济增长，同时，不同投资对于经济增长贡献存在差异性，比如固定资产投资在短期内就能拉动经济增长，而无形资产投资发挥效用则需要较长的滞后性，地方政府对其应有不同的偏好，因此，本书提出了政府补贴的资本投向激励假说。在实证研究过程中，不同于以往文献将投资支出作为一个整体来研究，在本书投资模型中，根据假说，对投资支出按照资本投资方向做了进一步细分，以研究政府补贴对不同类型投资的影响，因此，本书考察了政府补贴与企业资本投资方向选择存在的关联，包括对于投资规模及投资方向比如对固定资产投资、无形资产投资、对外投资等的影响，以此来考察政府补贴的政策效应。这是本书实现其实践和理论意义的关键所在，研究发现政府补贴激励企业扩大投资，导致企业普遍存在投资过度问题，降低了企业投资效率。同时，政府补贴显著影响了企业的资本投资方向，政府补贴诱导企业在本地扩大投资，减少其对外投资。

　　本书研究发现，政府通过补助引导企业在资本投资方向上选择对地区经济增长效果最快和最直接的投资方式，政府补贴导致企业增加了固定资产投资而相对减少了无形资产投资和对外投资，由于不同投资方向的资产化过程对经济增长质量的影响途径和时效存在差异，这在一定程度上解释了我国固定资产投资较长时期的高速增长现象和"高投资—高增长—低效率"的增长模式，以及经济落后地区低效率的重复投资的形成原因。

　　本书的第三个创新在于实证分析方面，为政府宏观政策行为影响微观企业行为提供了传导机制方面的经验证据。为检验政府补贴是否体现了政府追求经济增长特别是短期经济增长，本书在研究设计时，按照投资对经济增长贡献程度和时效差异进行了细化分类，以揭示政府补贴对企业投资路径的作用。本书并没有将政府补贴对经济增长的作用程度作为主要内容，而主要关注政府补贴干预企业行为机制，政府补贴激励企业投资，进而影响企业的资本投资方向选择，并可能导致过度投资，可以被看成是政府政策影响经济发展的微观传导机制。本书的实证研究证实了这一基本规律。政府补贴通过作用企业经营并最终传导至整个宏观经济运行，本书正是以此为逻辑来研究政府补贴的政策效应问题。

第二章

政府补贴问题文献评述

第一节 政府补贴与政府行为动机

一、政府补贴的性质、内容和分类

经济学家庇古的《福利经济学》首开政府补贴研究的先河，庇古认为，按照古典经济学的理论，完全的市场竞争固然使社会资源配置达到最优化，但是，现实世界中外部性问题普遍存在，因此，单纯意义上的完全市场竞争难以实现帕累托最优，政府此时就有必要对市场实施干预，如对收入进行再分配等具体干预政策措施[1]。随后西方学者开始了一系列专门讨论政府补贴相关问题的专门研究。改革开放之后，国内学者才开始研究政府补贴问题。李扬在《政府补贴经济分析》中详细分析了政府补贴问题，他认为，政府补贴是政府提供给企业和个人的财富转移支付，政府补贴效应通过收入效应和替代效应的发挥来改变预期，即政府补贴改变产品和要素相对价格，一方面可能增加实际收入，另一方面可能改变产出或需求结构，进而可能重新配置资源；政府可以合理运用补贴工具来达到促进经济发展、贯彻产业政策和稳定经济的宏观政策[2]。

20 世纪 20～30 年代，西方主要国家均不同程度深陷经济危机的泥潭，他们都不约而同地接受了因时而生的凯恩斯主义政策主张，几乎都曾经动用政府资源来对整体经济运行实施政策干预，如财政政策、货币政策等一系列宏观经济政策大规模实施，客观上帮助一些国家暂时摆脱危机。此后，凯恩斯主义大行其道，财政政策配合货币政策被奉为政府调控经济的药方，尤其是经济陷入困境时，各国政府几乎都会动用财政政策调控经济运行。

政府补贴作为财政政策工具之一，成为各国政府管理与调节社会经济的常见手段。目前，国内外学界对于政府补贴性质、内容、作用等基本取得一致认识。

作为政府经济政策工具，政府补贴可以达到实现国民收入再分配的目的，通过收入二次分配来协调各种经济社会活动，促进经济资源向特定行业分配，加快产业结构调整，实现政府的政治、经济和社会目标。政府补贴作为政府转移性支出的一部分，体现了政府的非市场化重新分配，政府无偿把一部分财政收入提供给扶持对象，被扶持者的收入得以增加，比如政府补贴给企业，能够直接提高企业收益，改善企业经营业绩。

根据政府补助准则规定，政府补助应当划分为与资产相关的政府补助和与收益相关的政府补助，这是因为两类政府补助给企业带来的经济利益或者不相关成本或费用的形式不同，从而在具体账务处理上也存在差别。

与资产相关的政府补助，是指企业取得的、用于购建或以其他方式形成长期资产的政府补助。通常企业先收到补助资金，再将补助资金用于购建长期资产，如政府向企业拨款并指定企业将财政拨款资金用于购买固定资产或无形资产，或政府以财政贴息等方式对企业购建长期资产给予经济支持等。在这种情况下，企业应当在取得时按照实际收到或应收的金额确认和计量政府补助。与资产相关的政府补助也可能表现为政府向企业无偿划拨非货币性长期资产的形式。在这种情况下，企业应当在实际取得资产并办妥相关受让手续时按照其公允价值确认和计量，公允价值不能可靠取得的，按照名义金额（即1元）计量。

与收益相关的政府补助，是指除与资产相关的政府补助之外的政府补助。企业应当在取得时按照实际收到或应收的金额确认和计量政府补助。

一般认为我国政府补贴的具体内容包括：（1）价格补贴，是指在商品购销价格倒挂的情况下，政府财政为弥补因价格机制或政策原因，而对企业或消费者支付的补贴；（2）实物补贴和购买补贴；（3）企业亏损补贴，由于国有企业在改革过程中负担较重，因此，通过政府补贴维持正常的生产经营；（4）税收补贴，包括税收减免、税收抵免和退税等，这属于间接性支出；（5）财政贴息，是政府根据政策目标，向某些使用规定用途的银行贷款的企业，对其支付的银行贷款利息给予补贴；（6）技术更新改造补贴等。

从某种意义上讲，任何经济体的运行都离不开一套稳定的经济制度所规定的运行机制和灵活的调节手段体系。理论上，政府补贴在经济运行中的作用主要体现在：（1）弥补和纠正市场本身的缺陷，政府补贴可以克服外部性问题，可以鼓励和扶持公共产品的生产，可以调节消费实现收入再分配，可以调节总供求，促进社会总供给与总需求保持均衡。（2）纠正不合理的价格结构，支持和促进生产发展，调整生产结构保证人民群众生活水平的稳定和提高。实际经济生活中，政府补贴作用体现在：（1）贯彻国家的经济政策；（2）以少量的财政资金带动社会资金，扩充财政资金的经济效应；（3）可以加大技术更新改造力度，推动技术进步，推动产业升级；（4）维护社会经济稳定。

理论上，政府补贴在经济运行中的作用主要体现在：（1）解决市场失灵问题，政府补贴通过增加公共产品的供给，对总需求和总供给进行富裕短缺调节，实现总供需之间的平衡，政府补贴存在的意义就在于减少外部性问题给经济运行带来的不利影响，实现最优经济资源配置。（2）对于一些特定部门或行业来说，单纯依靠市场机制可能无法实现经济的自动调节，如果没有政府政策干预，这些部门可能难以维持生产，无法提供足够数量的产品，或者容易产生混乱。政府补贴可以扶持某些产业的优先发展，调整宏观经济结构，实现国民生活水平的稳步提高。政府补贴作用还体现在贯彻国家的经济政策、促进技术进步，推动产业结构的升级以及维护经济运行的稳定等方面。

研究政府补贴，必然触及预算软约束问题。国有企业一旦发生亏损，政府常常要追加投资或者贷款，并提供财政补贴，这种现象被经济学家科尔奈（1986）称为预算软约束。在市场的竞争中，企业为了追求利润最大化，可能忽视一些公共利益，比如就业问题、减少公共产品供应、污染环境等。而政府要追求社会福利总额最大，包括公共投资、保护环境等，政府为维稳、政绩追求导致软预算约束出现。经济转型时期，很多上市公司与地方政府之间关系密切，地方政府将自身目标向上市公司转移，使企业经营目标出现偏离。政府官员为追求政绩会提出 GDP 增长、就业水平、公共投资等指标要求，进而会采取政府补贴等相关扶持手段来支持当地企业，使企业为实现这些指标提供帮助。政府给企业提供补助，自身失去一些收益，增加了其机会成本，政府需要从收到补贴的企业获得回报。而当企业陷入困境，政府就会发挥"父爱主义"，给予企业补贴支持。

二、地方政府利益和行为动机

我国改革开放之后为了搞活经济，加快经济发展速度，如何提升各级地方政府发展经济的积极性成为迫切的问题，中央推行了经济分权这一对国家政治经济生活影响极其深刻的重大制度。在分权制度改革过程中，中央政府开始下放经济管理权限，给予各级地方政府适度的经济自主权，以激励地方政府在经济发展中的主动性。

经济分权是我国改革开放以来一项重要的改革，在分权制度改革过程中，中央政府下放大部分国有经济以激励地方政府在经济发展中的主动性。经济分权实际上形成了地方政府成为推动经济增长的主体的局面，形成了地方政府独立的经济利益。同时，中央政府仍然掌握控制权力，地方政府必须服从于中央政府。在这样的制度环境下，地方政府工作重心开始转移，经济增长考核机制直接关系到今后地方官员的升迁和发展。由于地方政府拥有相当数量的资源和决策权。地方政府与中央政府、地方政府之间、地方政府与企业之间为维护自身利益发展，展开三方博弈，政府加强对属地企业的控制，展开区域竞争和保护主义措施。

经过多年的政策推行，各级地方政府大展手脚，积极推动区域经济增长，基本上形成了追求经济增长的竞争格局，这一过程中各级地方政府开始高度关注自身独立的经济利益，并成为理解地方政府行为逻辑的基础。同时，中央政府通过组织控制、人事任免权力运行方式来管辖各级地方政府，地方政府必须服从和执行于中央政府的政令。

分权改革授予地方政府较高资助决策权和资源分配权，他们不再是被动服从中央命令。地方政府开展经济增长竞赛，由此派生了一系列的争资金、争项目的竞争行为，以及强化政府控制和地方保护主义的行为，这很大程度上决定了政府和企业的关系，影响了企业的行为方式和动机。

地方政府在我国市场化改革和分权体制改革中形成了自己的利益格局。不同的利益导向决定不同的行动，从目前来看，各级地方政府考虑的目标仍然是追求区域 GDP 增长，只有经济增长才能给地方政府官员的晋升提供政绩支持，这是理解地方政府行为的基本逻辑，地方政府通过制定不同的优惠扶持政策以吸引投资，如给当地企业提供补贴、给予本地企业优先权或优惠权等。因此，研究政府补贴政策效应，必须首先考察政府对企业提供补助的利益导向和行为动机。

第二节　关于政府补贴动机的文献及评述

政府补贴通常是一种理性行为，虽然决策过程并不公开，但其决策行为并非盲目随意，它取决于政府的目标取向。然而，政府补贴决策过程也可能偏离公共目标，也可能引发寻租行为。政府补贴政策取向较为复杂，目标并非单一，既有经济目标的考虑，比如通过政府补贴再分配经济资源以实现期望结果，又有政治目标的考虑。

对于政府补贴动机问题，目前的研究成果比较丰富，然而研究结论却并不一致，很多中国学者的研究认为，政府补贴的动机多是出于政治动机，比如为了谋求晋升的政绩支持而致力于地方经济发展、为了地区稳定通过政府补贴来解决就业问题、为了特定目的补贴和扶持特定行业的发展、为了政府形象通过政府补贴来帮助上市公司扭亏保壳，还包括响应中央政府号召鼓励地方企业加大研发等，从经济动机考虑，政府补贴可以提升未来的财政收入或者补助，是实现财政收支平衡的工具。一般来说，政府补贴的动机不外乎政治和经济两方面的考虑。

政府补贴的动机包括：

1. 提高地区经济增长速度，促进区域经济发展

在许多国家，政府补贴目的是为了发挥政府的资源配置作用，促进经济的增长。各级政府的一个重要责任就是维持区域经济增长，经济增长对本地居民和政府官员本身都具有重大意义。龙和萨默斯（Long and Summers，1991）指出，政府对公用事业企业的补助是由于市场评价机制的失灵，但是，政府补贴的使用也可能引起很多问题，目前政府补贴对经济长期增长的影响方面的研究较少，因此，政府补贴的长期影响也没有定性的结论。彼森和温斯坦（Beason and Weinstein，1996）研究发现政府补贴没有任何正面的效果伯格斯特龙（Bergstrom，2000）检验了瑞典的企业 1987~1993 年间接受政府补贴后的产出效应。在研究中，伯格斯特龙采用了面板数据来区别制造业中那些接受政府补贴和没有接受政府补贴的公司。最后的研究结果表明，政府补贴可以影响企业的增长，但是没有证据表明政府补贴对于企业的产出有显著的影响。哈里斯和特瑞娜（Harris and Trainor，2005）研究了北爱尔兰的政府补贴是否会影响其制造业的总体行业产出。在其研究中发现，北爱尔兰政府给予了制造行业大量的政府补贴，目的是通过直接的资本援助来改善制造业的经济业绩。对于各经济发达的国家而言，政府的资本补助是其行业和区域政策中可以利用的一种重要手段。斯库阿斯和塞可拉斯（Skuras and Sekouras，2006）等研究了政府的资本补助对于产出增长的影响。他们的研究突破了以往学术观点的限制，将政府补贴视为一个新领域，发现政府补贴确实会影响总产出，但是政府补贴的影响作用不是通过规模效益来实现，而是通过技术改变来影响总产出，同时他们认为公司地理位置会影响其技术效益的发挥。在爱尔兰，政府补贴在行业政策占有相当大的作用，为此，吉尔马戈尔格和埃瑞克（Sourafel Girma，Holger Gorg and Eric Strobl，2006）对美国的政府补贴的效应进行研究。他们发现，政府补贴对克服企业的财务危机和采用新技术是有效的，如对于技术更新的补助提高了企业的创新积极性，并最终提高企业的总产出。许多学者的研究结果对政府补贴能促进生产发展的观点提出了质疑。特里萨和特雷泽（Teresa and Therese，2001）以西班牙为例研究了政府补贴的效率，最后发现政府补贴并没有起到促进受补助地区的经济发展的作用。他们对这种政府补贴的低效率给出了以下三种解释：政府补贴的政策对经济结构的调整可能需要较长的时间才会表现出来；政府补贴的金额大小限制了政府补贴发挥作用；政府补贴的使用情况无法直接观察到，因此无法确定该部分经济资源是否投向了优良的投资项目。他们的研究结果认为，至少到当年为止，政府的补助政策是失败的，是没有效率的。亨弗里斯（Humphries，2003）以林业为例比较了政府的现金补助和税收激励。通过分析，他发现政府的补助项目广泛地影响了林业的产量，但是政府的补助项目却没有激发土地所有者这一权力集体的积极性。

美国学者阿托·埃克斯坦（1983）以美国的数据检验了政府减税的影响，结果表明，在 1970~1980 年间，企业所得税累计降低 15%~30% 的结果是企业投资和股本分别增加 15.5% 和 9.9%。

中国政府官员的晋升考核核心指标是经济增长，他们普遍具有追求经济增长的冲动。地方政府大多把"提高经济发展速度"作为第一要务，一切行为围绕经济增长而展开，各级政府有强烈的增长速度意识和速度攀比意识。投资拉动在中国经济增长过程中扮演了长期重要的角色，补贴可以有效促进各种投资的增长，短期内能起到迅速提高增长速度的作用。如果将补贴理解为降低税负，那么企业的税率会有所降低，从而激励企业投资热情。理论和现实都支持各级政府将补贴作为促进本地经济增长的灵丹妙药，而各种名目繁多、金额不一的政府补贴自然令公众眼花缭乱，难以识别。

2. 稳定就业，维持地方稳定

就业问题是世界各国政府都面临的重大问题，政府都必须关注就业率，并列为重要宏观政策。当就业压力增大时，经营不善的公司倒闭破产可能未必是好消息，会向民众传达一种不良信号。因此，政府都会采取补助的形式让企业绩效存在、维持经营，用来保障社会的就业水平。最初，国外对于政府补贴研究的文献是从补助对于就业影响方面展开的。降低失业率一直是各国政府的重要宏观政策目标，很多国家为提高就业、解决人口实业问题而推出了各种经济政策，政府补贴作为其中的财政工具，某种程度上对提高就业率做出了贡献，政府往往重点关注一些能够创造较多就业机会的企业，通常会优先提供经济援助或者提供巨额补贴（Wren and Waterson，1997）。学者很早就开始关注解决失业问题的政府补贴问题。20 世纪 70 年代，瑞典经历了周期性衰退，严重打击了采矿、钢铁、造船和航运等行业，很多公司甚至整个行业都面临着裁员甚至破产的严峻形势。卡尔森（Carlson）对 1983 年经济衰退后瑞典政府实施的补助政策进行了深入探讨，他发现在经济危机环境下，失业问题凸显，政府减少失业的政治动机十分迫切，因此，政府大量补贴给陷入危机的企业帮助他们度过困境。施莱弗和罗伯特（Shleifer and Robert，1994）关注政治家和企业家之间的博弈行为，构建了二者的讨价还价模型，通过模型推理，他们得出结论：政治家控制是国企效率低下的原因，国企普遍存在超额雇员的现象，虽然有助于缓解失业问题，但是以降低和牺牲企业效率作为代价。西方国家通常通过政府补贴给企业创造新的就业机会，提高社会就业率，德国政府曾在 1980～1985 年给钢铁行业提供了大量的补贴，以挽救处于危机中的钢铁行业，其中，在各种救援资金中地方政府就承担了大约 30% 的资金。

中国人口居世界第一位，就业问题始终是政府关心的头等大事，而且就业问题直接关系到地区的稳定繁荣，创造就业机会，维持就业市场稳定是地方政府的重要职责。地方政府对一些中小企业的补贴政策，例如担保贴息等，本身就是地方政府促进就业、推动经济发展的举措。一些企业经营出现问题时，如果这些企业能大量解决本地就业人口，地方政府可能会想办法帮助这些企业渡过难关，比如给予这些企业补贴弥补亏损，对于一些确实是难以扶持的企业，政府也会积极考虑提供一些补贴，帮助企业善后，避免企业突然破产，从而延缓短期失业，为就业人口转移争取时间，避免短期社会波动不安。有些中小城市的某些企业能解决大量的就业人口和提供税收收入，此时，这些企业事实上成为提供一种公共产品、公共服务和产生公共利益的企业，地方政府有时不得不给予补贴。

国内学者王凤翔和陈柳钦（2005）比较系统地研究了政府财政补贴的动机和影响因素，他们认为，企业的存在本质上在于追求利润，但企业的存在客观上可以创造就业机会，解决人口就业，影响社会稳定，因此，企业的兴衰关系到人口就业，居民收入，乃至影响社会稳定，出于维持稳定的动机，地方政府通常也愿意为雇员人数较多的企业提供大量补贴，补贴充当了企业履行社会职能的奖励。埃克豪斯（Eckaus，2006）研究发现，避免企业倒闭和工人的失业是中国政府出口补贴的原因，政府补贴是一种防止失业的替代政策。

3. 支持行业发展、鼓励技术研发的动机

随着世界经济一体化的加深，产品和资本、劳动力等生产要素在国际范围内自由流动，各国政府为了维持本国行业并引导新产业的发展，开始有意识地调整补贴政策。20世纪60年代随着国际关税逐渐下降，政府补贴开始发挥产业调整功能（Ford and Suyker，1990）。一些新兴行业在开始起步阶段，面临较大的风险，加之新生企业自身力量弱小，政府往往给予这些行业中的企业各种形式的补贴，鼓励这些行业发展，促进企业壮大。如欧洲airbus公司创立时难以与美国波音和麦道公司竞争，欧洲政府就曾经提供airbus公司一百多亿美元的无息贷款和担保。其他一些西方政府也在一定时期采用补贴的方式扶持特定行业的发展。德国政府扶持本国电脑制造业的发展，法国政府积极扶持其高速铁路发展，日本政府曾经资助小型客机项目的发展，这些补贴政策都有效扶持了特定产业的成长（Gerd and Benediet，1999）。

一些研发方面的政府补贴还有助于支持企业加大研发投入和开展创新技术

活动。研发对于企业长远发展的意义不言而喻，企业研发的目的是为了开发新技术和生产新产品，发明创造一旦被公开，对竞争对手而言就不再是秘密，研发具有正的外部性，容易引起"搭便车"问题，曼斯菲尔德（Mansfield，1981）等发现六成以上的发明专利模仿周期不超过四年。研发活动中的"搭便车"问题常常使企业缺乏提高研发投资动力。解决"搭便车"问题，政府给予企业研发补贴是一个不错办法（Gerd and Benedi，1999）。

4. 融资、保壳等盈余管理动机以维护地区形象

企业是提高地方知名度的一个途径，知名企业往往是一个地区的名片，是一个地方经济发展程度和竞争力强弱的象征。一个区域知名企业的兴衰影响该区域经济发展形象，甚至地方官员政绩，为维护经济环境的良好形象，地方政府会额外关照本地知名企业，具体表现为，地方政府经常提供各种补贴和一些优惠政策，如果本地知名企业发展过程出现一些问题，也会施以相应的援助之手。

资本市场存在的一个主要功能就是融资，在我国资本市场上，融资实质上体现了资源的划分。为了帮助本地企业取得上市资格或增发配股，各级政府会积极帮助本地上市公司进行盈余管理，政府补贴就是最常用的工具。在我国资本市场上，政府具有多重角色，公司治理不完善，政府与企业之间会存在很多相同和不同的目标。1998 年，我国资本市场推出 ST 退市制度。ST 退市制度的意图在于确保上市公司的质量和资本市场的健康运行，但自推出退市制度以来，实际执行效果并不理想，真正退市的股票凤毛麟角，其中原因之一在于地方政府形象，因此地方政府配合参与上市公司盈余管理的积极性非常高。陈和李（Chen and Lee，2003）研究发现，中国证监会的融资制度规定催生了地方政府通过补贴来改善上市公司的业绩，使其达到融资资格的行为动机，而 ROE 接近融资底线的上市公司以及亏损边缘的上市公司有更多机会获得政府补贴。同时地方政府还利用税收优惠来吸引外地企业进入。周勤业、周长青（2005）研究了非经常性损益项目对公司业绩的整体影响，他们发现上市公司调节利润的最经常的方式就是采用非经常性损益项目，特别是微利公司和 ST、PT 公司会更多采用这一方式。朱松、陈运森（2009）研究发现，政府补贴的保壳和扭亏动机突出，但是，政府补贴力度视公司具体亏损情况而异，如果公司很容易扭亏为盈，地方政府往往会加大对其补贴的力度，如果一家公司前一年亏损，接受补助后就能够一举实现盈利，那么，地方政府对其提供补助的可能性则更

高，上市公司避免连续亏损的动机越强烈，政府补贴的力度越大，政府补贴是帮助企业盈余管理的工具。

我国资本市场目前正处于快速成长阶段，我国会计准则和资本市场政策变动频繁，政府补贴盈余管理动机在不同时期有所不同。国内学者研究发现，在1994～2001年期间，政府补贴动机在于帮助企业融资和配股；2001年以后，配股动机开始减弱，保壳和扭亏动机日益显著。而伴随时间的推移，这种趋势开始发生变化，唐清泉、罗党论（2007）研究发现，由于资本市场政策的更替，政府补贴动机也发生变化，政府补贴动机不再是帮助上市公司实现配股融资，而政府补贴效果并没有显著增强企业的经济效益，有助于社会效益的发挥。二者研究结论差异在于研究选择的数据期间不同而导致的，陈（Chen）等研究的是2001年以前的数据，唐清泉等选取的是2002～2004年的数据，这说明政府补贴的动机可能因选取不同时期段的政策而致研究结论变化。

通过文献分析发现，无论是在国内还是国外，增加就业动机、支持行业发展动机、鼓励研发动机都是普遍存在的。然而，融资、保牌和扭亏的动机却是我国所特有的，这是因为ST制度是我国特有的制度。在不同的阶段，会计准则和资本市场政策可能会有所不同，这就直接导致了政府补贴动机的差异。

第三节　关于政府补贴影响因素的研究文献及评述

梳理现有文献研究政府补贴影响因素，主要是围绕企业产权属性、企业与政府的关系以及企业所处行业、规模、产出、职工人数等特征因素而展开。

一、企业特征、行业状况和竞争程度

还有不少文献关注政府补贴影响因素中企业特征等产生的影响。刘亚莉、张曼迪、马晓燕（2010）以沪深两市房地产上市公司为样本，研究检验政府补贴对房地产企业经营绩效的影响，研究结果显示，国企与民营企业收到的政府补贴并没有显著差异，表明企业产权性质的影响并不显著，而资产和销售规模是房地产企业获得政府补贴的主要影响因素，企业资产和销售规模越大，收到政府补贴越多。同期，吕久琴（2010）以2006～2008年的数据，系统检验了政府补贴的范围、种类和金额等变化，结果显示接受补助的公司比例高达六成，其中机械、设备、仪表等行业几乎所有的公司都获得了不同形式的政府补贴，行业因素影响了政府补贴的金额，但从政府补贴总额和平均补助强度看，结果却不相同；企业规模无论是以资产规模、主营业务收入还是员工人数，都显著影响到了公司收到政府补贴的金额，而企业的盈利能力、负债能力、成长能力、人工效率等则都不显著。不少文献都显示，企业规模是影响企业获得政府补贴的重要因素。此外，孔东民等（2013）发现，市场竞争程度越高，国有企业获得政府补贴越多。

二、企业与政府的关系

近年来，政企关系问题受到学术界越来越多的关注，掀起了一波热潮，研究成果也越来越多，尤其在新兴市场国家，这一问题更是普遍存在，关于政企关系的研究文献可谓汗牛充栋，国内外很多学者都关注了政企关系与政府补贴之间可能存在的内在联系。

赫瓦贾（Khwaja，2005）研究发现，政企关系有助于企业获得贷款，有政企关系的企业从国有银行获得的贷款显著高于没有政企关系的企业获得的银行贷款[20]。查弥兰德等（Charumilind et al.，2006）发现，具有政企关系的公司更容易获得更多的长期贷款，银行认为，企业与政府的关系是一种非常有保证的隐形抵押。克莱森斯（Claessens，2008）研究发现，与政府有联系的企业容易获得更加优惠的贷款。法乔（Faccio，2006）认为政企关系本身在世界各国普遍存在。很多研究成表明，与政府有良好关系的企业可以优先获得贷款和政府扶持，法乔等（2006）研究发现，与政府有良好关系的企业获得政府补贴的可能性更高，同时，具有政企关系的企业资产负债率也明显偏高，原因在于他们往往能优先获得政府补贴，为其获得银行贷款提供了隐形担保。詹森和米顿（Johnson and Mitton，2003）研究发现与政府有良好关系的企业更容易获得贷款，帮助企业融资。两者研究结论基本一致，即与政府有良好关系的企业的负债程度明显高于那些没有构建良好政企关系的企业，说明政企关系能够发挥隐形担保作用，有助于他们优先获得银行贷款支持。陈和李（2005）认为财政赤字越严重、经济越落后，具有良好政企关系的企业获得的政府补贴越高。这些学者的研究都表明政企关系有助于企业获得贷款和政府优先扶持，因此不难理解一些新兴国家的企业热衷与政府搞好关系，为自身发展赢取优势。

国内学者研究发现，当前一些民营企业家热衷于构建良好的政企关系，多是为了获得政府认可和便于与地方政府沟通，总体服务于自身的经济利益。其意图在于可以更加便利地从地方政府那里获取利益，政府干预越严重、制度环境越落后，企业建立政企关系的意图越显著。

陈冬华（2003）第一次检验了1993~2000年间上市公司获得政府补贴的影响因素，研究发现，具有政治关系背景的董事长在董事会中地位和作用突出，这种背景越强，公司获得更多补助的可能性越大[26]。

余明桂等（2008）研究具有政企关系的民营企业是否会对其获得银行贷款产生影响问题，研究结果显示，具有政企关系的民营企业更能够获得较多的贷款和较长的贷款期限，而且，经济发展越落后、政府干预越严重，贷款优先效应越明显。

胡旭阳（2006）和杨瑾淑（2008）等研究也发现，政企关系能使民营企业获益，与余明桂等研究结论比较接近。潘越（2009）研究发现民营企业的政企关系会显著影响企业获得政府补贴的强度，但该影响在国有企业中并不存在；更进一步研究发现，政企关系不仅会影响民营企业是否能够获得政府补贴，而且影响民营企业获得补助的金额，由于国企和政府之间天然的联系，国企和民营企业建立政企关系的动机有所差异。

通过以上研究可以发现，政企关系深刻影响了企业获得的政府补贴。政企关系在帮助企业获得政府补贴方面，发挥了极其重要的作用。建立政企关系的行为有利于企业持续发展，能够帮助企业获得更多的政策优惠，比如获得政府补贴、可以进入管制行业等，这体现了政企关系的利益动机，也为企业发展提供了关系逻辑的解释，因此，也不难理解一些企业特定的寻租行为。

三、企业产权性质

科尔奈首次提出了社会主义国家国有企业的预算软约束问题，指出如果国有企业发生财务困难和陷入亏损境地，社会主义国家政府常常通过补贴、贷款等方式来施以援助之手。陈静、李晓（2011）分析认为，不同产权性质的企业在获得政府补贴方面并无不同。邵敏、包群（2011）认为，政府补贴显著倾斜于国有企业。孔东明（2013）研究发现，与民营企业相比，国有企业获得政府补贴程度更高。据《上海证券报》报道，2012年逾九成的上市公司收到各种形式的政府补贴，其中，国有上市公司占到七成。

多数研究认为，从企业产权性质选择偏好看，政府优先选择国有企业提供补贴，原因是国有企业常常需要完成政府赋予的政策任务，国企与私企相比，承担任务是多元的，其多元化目标有时与价值最大化的目标相悖，因此，政府需要补贴国企以弥补其履责时可能的损失。但是，近期也有研究表明，在战略性新兴产业中，政府给予私企补贴强度比国企更高。

第四节　关于政府补贴效果的研究文献及评述

福利经济学创始人庇古指出，市场经济如果没有竞争障碍就会使社会资源能够达到最优的分配，市场经济的外部性问题导致资源不能自动实现最优配置，政府干预在经济运行中必不可少。政府补贴动机可归结为保持就业率、扶持特定行业发展、促进研发投资，帮助企业融资、保壳等，政府补贴动机不同，政府补贴效果也不尽相同。

一、政府补贴对产出和经济增长的影响

在很多国家，政府补贴存在的原因在于能够适度发挥政府作用，解决市场失灵问题，促进资源有效配置，实现经济增长。雷恩（Wren，1991）指出市场失灵需要政府介入经济生活，政府需要补贴公用事业，但是，政府补贴也可能带来很多负面影响，政府本身面临失灵困境，如政府补贴一家经营良好的上市公司提升当地的知名度，进一步招商引资；或者是补贴经营业绩亏损的上市公司使其扭亏为盈或保壳成功等。这样的补贴并非完全符合社会公共利益。

目前，政府补贴对经济增长的长期效应研究，莫衷一是，并没有形成一致结论[5]，而比森和温斯坦（Beason and Weinstein，1996）研究甚至发现政府补贴可能没有任何积极效果。伯格斯特龙（2000）研究瑞典企业在1987～1993年间接受政府补贴后的产出效应，研究结果表明，政府补贴可以促进企业增长，但是，如果说政府补贴对长期产出具有增加效应为时尚早。哈里斯和特瑞娜（1991）以制造业为样本，研究了北爱尔兰政府补贴是否会影响企业产出，

研究发现，北爱尔兰政府给制造行业提供了大量政府补贴，意图通过直接的资本援助改善制造业行业的业绩，对于经济发达的国家而言，政府补贴主要体现了行业和区域宏观政策目标，对企业业绩影响并不是政府补贴的主要政策目标。斯库阿斯和塞可拉斯（2006）等研究了政府直接补贴对于产出增长的影响，他们的研究突破了以往学术观点的限制，将政府补贴视为一个新领域，发现政府补贴确实会影响总产出，但是政府补贴的影响作用不是通过规模效益来实现，而是通过技术改变来影响总产出，同时他们认为公司地理位置会影响其技术效益的发挥。吉尔马和埃瑞克（2006）研究了爱尔兰政府补贴问题，结果显示，政府补贴对克服企业的财务危机和采用新技术是有效的，如对于技术更新的补助提高了企业的创新积极性，并最终提高企业的总产出。许多学者的研究结果对政府补贴能促进生产发展的观点提出了质疑。特里萨和特雷泽（2001）研究了西班牙政府补贴的效率，发现政府补贴并没有起到促进受补助地区的经济发展的作用，他们认为，至少到当年为止，政府补贴政策是失败的，是没有效率的，原因在于，政府补贴调节经济效应具有时滞性，可能需要较长的时间才会表现出来；有限的政府补贴金额制约了调节效应发挥；政府补贴的使用情况无法直接观察，无法认定补助是否投向了合理项目。亨弗里斯（2003）比较了政府的资金补助和税收激励两者发挥的效益，他发现政府的补助项目影响了林业的产量，但是政府补贴项目却没有激发土地所有者的积极性。

二、政府补贴发挥维持稳定等社会效益

就业问题和通货膨胀问题一直是各国政府都面临的重大宏观政策，就业率的高低对于各国政府都至关重要。当社会就业压力增大时，公司因经营不善而倒闭破产并不是政府和公众愿意见到。因此，对于亏损而濒临破产的企业，政府会提供补助维持其正常的经营活动而不至于倒闭，维持保社会的就业是政府补贴的主要动机。

哈里斯（1991）研究发现，制造业通常属于劳动密集型行业，但是政府对制造业的补贴却对就业具有负面影响，政府补贴对于促进就业方面并未发挥积极作用。

雷恩和沃特森（1991）研究了政府行业补助对促进就业所产生的直接影

响。埃克索斯（2006）认为，中国国企一般规模巨大，吸纳的就业人口众多，如果这些国企破产倒闭，必然会产生大规模失业问题，不利于社会的稳定，中国给予国企的补助可以实现缓解企业陷入破产境地，实现维持就业的目标；而反过来，国企对解决失业问题的成效也决定了政府补贴的金额多寡及政府补贴的持续性，那些对于就业贡献较大的国企，能够持续稳定地获得更高的补贴。詹金斯和莱希特（Jenkins and Leicht, 2006）研究美国为支持企业技术改进而实施的政策措施对就业增长的影响，检验政府对高技术行业补助的有效性，研究发现部分政策有助于创造新的就业机会。

王燕娜（2007）研究了政府财政补贴的行业公平问题，结果发现我国政府补贴决策存在较大的随意性，政府补贴决策缺乏规则和有效约束，决策过程缺乏公开性和透明度，研究还发现，虽然政府对农林牧渔业加大了提供补贴的范围，但是平均补助金额却远远低于其他行业，这不利于促进农业的发展，也并没有体现决策公平和行业保护的政府责任。

三、政府补贴对公司业绩和行为的影响

本书梳理国内外学者的研究文献，政府补贴能否提高公司业绩这一问题并没有取得共识。彼森和温斯坦（1996）研究发现补助不仅没有推动企业高速增长，相反却导致规模报酬的递减，政府补贴对投资具有负向作用。

特泽勒皮斯（Tzelepis, 2004）研究了希腊政府补贴效用，结果发现，政府补贴无法提高企业盈利能力和经营效率，但是政府补贴注入企业，提高了企业的偿债能力，有助于企业融资，政府补贴对于企业价值的增长有一定的积极作用。

国内学者的研究主要关注政府补贴对企业盈余管理的意义。陈晓、李静（2001）首次研究了地方政府补贴对公司业绩的提升作用，他们以 1999 年和 2000 年实施配股的上市公司为样本进行实证研究，结果发现，如果在利润中剔除补助和税收优惠，那么 1999 年会有 44% 的公司丧失配股资格，而 2000 年则会有 62% 的公司失去配股资格，因此，政府补贴可以理解为旨在帮助企业盈余管理以便配股融资。刘浩（2002）研究了相似的问题，研究显示地方政府并没有利用政府补贴参与企业的盈余管理，研究结果则刚好与陈晓、李静的结论相左。周（Zhou, 2001）研究我国烟草行业的政府补贴现象，发现当企业面临

激烈的竞争时，地方政府通过贸易管制来消除竞争、保护企业利益。陈冬华（2003）从公司治理的角度研究了政府补贴问题，结果发现拥有政府背景的董事长在董事会中地位突出重要，董事长的政府背景越强大，上市公司获得的政府补贴可能越多。邹彩芬、许家林等（2006）实证检验了财政补助对农业类上市公司绩效的影响，研究发现直接的财政补助会显著地提高企业的偿债能力，催生高管的寻租行为，增强了农业类上市公司对财政补助的依赖性。洪银兴（1998）认为地方政府补贴可以显著地促进地区投资增长，短时期的大量投资能迅速提高地区经济增长速度；而且，地方政府依赖行政手段干预经济并不是好的选择，使用财政补贴的经济工具实际上是一种促进产业发展的政策改进。企业是市场竞争主体，如果企业达不到地方政府期望值，那么地方政府补贴成为一种可以依赖的利益诱导方式（王凤翔、陈柳钦，2005）。潘越、戴亦一和李财喜（2009）研究发现政府常常对陷入财务困境的公司施以援手，虽然政府补贴可以明显改善公司当年业绩，从而帮助上市公司一举扭亏，但对公司长期业绩的提升作用却因企业政企关系的强弱和企业性质的差异而不同，其中，政企关联较弱的民营企业获得的政府补贴对公司长期业绩的提高作用较显著，但对于国有企业以及具有较强政企关联的民营企业作用则不明显，说明政企关联阻碍政府补贴发挥功效[30]。沈晓明等（2002）分析了农业上市公司收到政府补贴情况，研究结果显示，政府补贴对于农业上市公司的影响是负面的，在短期内会掩盖公司实际早已存在的经营困境和财务困难，政府补贴可以提高公司盈利能力，但是上市公司可能因此丧失机遇，不能及时进行内部治理以解决公司面临的问题。

唐清泉、罗党论（2007）研究发现，一些承担政府社会责任（如就业等）的企业和一些处于保牌、配股境遇的企业，政府会优先提供补助，发挥了很大的维护社会目标的作用；如果承担社会责任的本身是当地国有企业，则优先补助效应更加显著，但是政府补贴没有增强上市公司绩效。

政府补贴动机不同，其产生的效应也会存在差别。政府补贴可能是为了增强企业的经营能力，也可能是帮助企业盈余管理，还也可能是补偿企业承担社会责任的支出。因此，不同动机的政府补贴对于企业的经营绩效会产生不同的影响。若政府提供补助的动机契合了企业本身的经营策略，则这种政府补贴将有利于提高企业的经营绩效；若政府补贴不顾企业利益，而仅仅驱使企业服从政府目标，那么这种政府补贴将不利于提高企业的经营绩效。因此，不难理解政府补贴经济效应问题的研究结论的差别。

中国政府在经济发展的过程中发挥着重要作用，三十年经济高速增长已经证明中国政府在经济领域贡献卓著。布兰查德和谢弗（Blanchard and Schaefer，2000）比较了中国和俄罗斯政府在经济增长方面的不同表现，分析了可能的原因，认为中国和俄罗斯两国的政府质量不同，中国政府常常承担了帮助企业发展的责任，政府补贴是中国政府常用的调控手段。

四、政府补贴对地方经济的影响

2005 年陈柳钦、王凤翔通过研究发现，当上市公司和政府有明显的财产界限的时候，出于某种目的，地方政府会通过政府补贴干预上市公司的经济活动。尽管地方政府通过行政手段来干预地方经济，并不是最好的方式，但是却可以在一定程度上促进上市公司的建立和发展，有利于促进地方经济增长。企业作为市场经济的主体，对地方经济的发展具有大的作用，当企业的发展过程不符合当地政府的期望，政府就会通过补贴的形式对企业经济活动加以调控，这种方式在短时间内会带来当地企业和政府的双赢。

2007 年，唐清泉和罗党论截取了 2002～2004 年上市公司所接受的财政补贴的相关数据。一方面，他们发现政府之所以会补助当地的上市公司，主要是考虑到当地就业率的因素；另一方面，他们还发现政府不会因为企业的再融资动机而给予上市公司补贴，这个结论和陈晓、李静学者 2001 年的研究结果相矛盾。出现这种矛盾的原因可能是政府现在较少通过财政补贴参与上市公司的盈余管理，而更倾向于用政府补贴的方式保护上市企业的"壳资源"，促进当地经济发展，从而维护地方政府的良好形象。

2010 年，回雅甫、余明桂、潘红波三位学者研究了我国有政府背景的民营上市公司的财政补贴效率。研究发现，与政府关系越密切的民营上市公司获得的政府补贴越多，其补贴效率也越低。这样，政府补贴不仅影响上市公司的生产效率，还会引起社会绩效降低。他们还提出如果地方政府以政企关系为基准给予上市公司财政补贴，会导致社会整体福利水平的下降。

李扬在其所发表的《财政补贴经济分析》一书中分别从收入效应及替代效应两方面研究了财政补贴。他认为从收入效应的方面来看，地方政府补贴会给企业带来收入的增加；而站在另外一个角度，从替代效应的方面来看，地方政府补贴可能不仅影响了一个微观经济体，还会促进社会资源的重新配置，影响到整个社会需求甚至产出结构发生变化。通过以上分析，我们知道了政府补贴有庞大的力量，可以影响到整个社会经济的发展。如果高效合理地利用政府补贴，可以切实有效地帮助上市公司，进而促进地方经济稳定增长。所以，认识政府补贴的巨大作用，不能只关注政府补贴给一个上市公司带来的效用，还要着重于其在整个社会经济运行中所发挥的效用，才能真正发挥政府补贴的正面作用。尽管政府补贴可以作为一种调控经济发展的有效手段，但是由于缺少监管，在实际运用的时候还存在很多不规范的行为，不能把政府补贴作为调节的经济的主要方式，而是应该适度合理地运用它来调控经济发展。

第五节　结论性评述和本书研究侧重

上述研究文献显示，政府补贴考虑了各种诉求，如促进企业研发投入，增加就业机会，促进特定行业发展，帮助企业上市融资、帮助上市公司盈余管理实现保壳等提供支持等，当然，政企关系也影响了政府补贴决策，良好的政企关系有益于企业获得政府补贴。

从国内外文献来看，政府补贴的研究最初是关注其对就业的影响，随后，学者们就政府补贴对经济产出、企业业绩和企业行为的影响也做了大量的研究。研究基本表明政府补贴兼具积极影响和消极作用。国内学者多是在借鉴国外的研究经验基础上，结合我国自身的特点对政府补贴做了大量的实证研究。研究发现政府与上市公司之间联系紧密，政府运用各种手段帮助上市公司发展，提高企业的业绩，进而来促进社会经济的发展和社会稳定，实现扩大就业以及实现加快产业结构调整的目标。当然，政府补贴的效应本身也存在争论。总体上，学者赞成政府补贴是必要的，但认为现行的补贴决策及效用有待改进。

值得关注的是，近年来，我国政府补贴范围和力度都显著增加，原因何在？本书认为，基于经济增长的晋升激励，政府补贴一方面，是为了提高企业投资水平，走投资驱动型的经济增长之路；另一方面，政企关系的存在和适宜寻租的制度环境使得政府补贴对政府和企业能实现"双赢"。

本书正是依据金融危机之后我国上市公司获得的政府补贴急剧增长的现

状，对上市公司获得政府补贴的情况进行详细数据分析，主要对政府补贴的行业分布、地区分布等情况进行研究。在此基础上，寻找金融危机后大规模政府补贴的政策背景和意图，并重点将政府补贴研究问题置于我国经济转型时期特定的制度环境下，以此理解在经济危机之后，政府补贴急剧增加背后可能的行为动机和意图，并将本书研究视角定位于政府补贴的投资激励动机，进一步分析政府补贴对企业投资行为的具体影响，并据此提出相应的政府补贴政策改进建议。

第三章

上市公司政府补贴的现状分析

本章对中国上市公司收到政府补贴的情况进行统计分析，研究经济转轨阶段中国上市公司政府补贴现状，主要从补助的行业和地区分布等几个方面来描述，揭示目前上市公司政府补贴的总体情况和规律，为下文的研究方向奠定基础。

第一节　引　　言

政府补贴是一种重要的财政政策工具，是政府财政支出的重要组成，其目的在于通过财富的二次分配来调节经济运行行为，从而实现政府的政策意图。

从国民经济的角度来说，政府补贴影响了国家资源和收入的分配以及财政支出的效率，同时也影响了国民经济结构。政府补贴作为宏观调控财政政策的一种重要工具，已对资本市场以及上市公司产生了重要的影响。从经济的角度来说，政府补贴的主要目的是为了对资源进行再分配以达到期望的结果。

在市场经济中之所以存在政府补贴，原因在于市场经济中不可避免的市场失灵以及国家一定时期内经济社会政策的需要。在市场失灵的领域，政府需要干预经济，通过政府补贴等方式直接增加生产者的收入，从而增加投资能力和供给能力，对于促进供给总量的增加有着重要的作用，这在一些公共行业较为普遍。另外，政府通过对特定行业的财政补贴来扶持新兴行业和产业，加快经济结构的调整、优化资源配置方向。政府利用市场机制中边际成本与边际效益的关系，通过财政补贴对微观主体的利益激励，来调动或者牵引市场力量服从政府的宏观调控，实现政府的政策目标。陈晓、李静（2001）发现政府补贴并没有如人们预期的那样倾向于某些政策性补贴行业，公用事业并没有享受更多的政府补贴，虽然农业类公司中获得的补贴比例很高，但是其补贴率却相对很低。

周黎安（2007）认为，中国政府独特的体制和经济结构决定了政府官员掌握一定的行政权力和自由处置权，以经济增长为基础的晋升机制激励地方官员推动地方经济发展。各地政府有强烈的动机将地区产业和经济发展的方向导向高利润和高发展速度的部门，因为这些部门或产业能迅速提升地区经济总量、就业和税收，而各级政府对所属上市公司提供财政补助加以引导成为重要的手段。

本章以在我国资本市场所有的上市公司为样本，以上市公司每年获得的政府补贴为研究对象，通过对政府补贴分配的透彻分析，探究在目前我国宏观调控政策制度环境下政府补贴的分布特征，我们将从政府补贴的行业和地区分布、国有和非国有（含政府控制权强和弱）上市公司接受的政府补贴，以及 ST 和非 ST 上市公司获得政府补贴等几个方面反映政府补贴的分布状况，对上市公司的政府补贴做全景式的描述，从而把握目前上市公司政府补贴的总体特征。

第二节　政府补贴会计的确认、计量和披露

《企业会计准则第 16 号——政府补贴》规定政府补贴同时满足下列条件时，才能予以确认：（1）企业能够满足政府补贴所附条件；（2）企业能够收到政府补贴。比如，政府拨给企业的科技三项费用，企业必须要能够按规定用于政府指定的科技开发、新产品试制、固定资产更新改造等方面，如若不然就会被取消并收回已拨款项；同时，企业必须能取得这笔拨款。上述两个条件必须同时满足时，企业才能予以确认该笔补助。

《企业会计准则第 16 号——政府补贴》政府补贴的计量方法有三种，即实际金额、公允价值、名义金额。《企业会计准则第 16 号——政府补贴》规定，政府补贴为货币性资产的，应当按照收到或应收的金额计量；政府补贴为非货币性资产的，应当按照公允价值计量；公允价值不能可靠取得的，按照名义金额计量。具体处理要区分为与资产相关的政府补贴和与收益相关的政府补贴，

与资产相关的，收到时应当确认为递延收益，并在相关资产使用寿命期内平均分配，计入当期损益。以名义金额计量的政府补贴应直接计入当期损益。

与收益相关的政府补贴，应当分别下列情况处理：（1）用于补偿企业以后期间的相关费用或损失的，确认为递延收益并在确认相关费用的期间，计入当期损益。（2）用于补偿企业已发生的相关费用或损失的，计入当期损益。

关于政府补贴的披露，会计准则规定企业应当在附注中披露与政府补贴有关的下列信息：（1）政府补贴的种类及金额；（2）计入当期损益的政府补贴金额；（3）本期返还的政府补贴金额及原因。

本书对上市公司政府补贴数据的收集整理正是基于报表附注披露的政府补贴的种类和金额。

第三节　政府补贴的行业分布

现阶段我国宏观经济调控的政策导向主要体现在三个方面：一是坚持惠民导向，加大对社会事业基础设施的投资和社会保障的建设；二是促进国有经济布局的战略性调整，进一步优化国有经济产业结构，促进国有资本向关系国家安全和国民经济命脉的重要行业和关键领域集中；三是坚持科技是第一生产力，鼓励企业技术研发，支持企业自主创新能力的培养，加快高新技术产业发展，加大对自主创新成果产业化的支持，健全财税金融政策支持体系，加大扶持力度，促进高新技术产业发展，培育和发展战略性新兴产业。政府通过向各行业的上市公司提供财政补助的方式释放政府政策的导向信号，政府补贴的政策导向呈现行业特征。

地方政府的产业政策主要是希望优先发展某些产业部门，促进落后产业的转型。地方发展政策的实施就是要通过改变企业净利润的影响变量，来促使某些产业的收益状况短期内得以改善，使得经济资源向某些产业集中，或者从某些产业撤出，地方发展政策的实施手段之一就是给予补贴。中国各地政府在经济发展规划（计划）中都明确制定了产业发展目标，在产业优先发展次序、产业经济发展规模方面有相应的目标。政府补贴一般会考虑政府重点扶持发展的特定行业和基础薄弱的行业或者提升地区经济竞争力，通过财政补助的方式来实现产业转换升级和提升落后地区的发展水平，促进地区的协调发展。例如，2009 年财政部、科技部和国家能源局联合实施"金太阳"示范工程，通过政府补贴、科技支持等方式，支持国内光伏产业的发展，推动其规模化进程，地方各级政府同步提供扶持，通过向光伏发电企业定额补贴政策来支持光伏产业做大做强。

图 3－1 为 2007～2012 年上市公司补助总额趋势图，从各年度来看，2007 年政府补贴总额为 128 亿元，2008 年政府补贴总额 384 亿元，2009 年政府补贴总额为 381 亿元，2010 年政府补贴总额为 549 亿元，2011 年政府补贴总额为 763 亿元，2012 年政府补贴总额为 1000 亿元，6 年一共提供补助 3205 亿元。政府补贴总体上呈稳步增长，其中 2008 年相比 2007 几乎增长 1.5 倍。图 3－2 为 2007～2012 年上市公司平均补贴分布图，从上市公司平均接受政府补贴的强度看，2007 年为 1393 万元，2008 年为 3400 万元，2009 年为 2492 万元，2010 年为 2902 万元，2011 年为 2445 万元，2012 年为 4237 万元。其中，2008 年上市公司接受政府补贴强度比 2007 年增加 140%，平均每家上市公司获得的政府补贴达到 3400 万元。2008 年金融危机席卷全球，上市公司业绩无可避免地受到危机冲击，各级政府通过补贴上市公司帮助他们改善业绩，渡过难关。

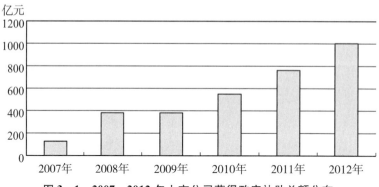

图 3－1　2007～2012 年上市公司获得政府补助总额分布

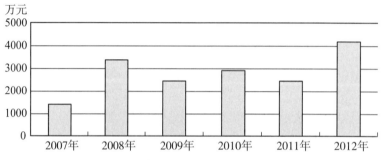

图 3－2　2007～2012 年上市公司平均接受政府补贴强度分布

表3—1的统计显示，机械、设备、仪表制造业获得的政府补贴金额最高，共计达到6089亿元，占政府补贴总支出的20%；其次是采掘业，共获得468亿元，占政府补贴支出的1/7；再次是金属、非金属行业，共获得政府补贴337亿元，电力、煤气及水等公共服务行业排在第四位，共获得280.7亿元，第五位是交通运输、仓储业获得政府补贴233亿元；农林牧渔业、文化传播业、金融保险业以及木材及加工业等获得的政府补贴总体较少。

表3—1　　　　　　　　政府补贴总额的行业分布总体状况

行业分类	补助总额（亿元）
C7 机械、设备、仪表	608.9
B 采掘业	468.2
C6 金属、非金属	337.3
D 电力、煤气及水的生产和供业	280.7
F 交通运输、仓储业	233.3

从分年度的政府补贴强度来看，2007年平均获得政府补贴最高的行业是采掘业，平均获得近5883万元；其次是木材和加工业，平均获得4150万元，共获得41亿元，占政府补贴支出的17%；第三是传播与文化产业，平均每家上市公司获得近3940万元，占政府补贴支出的8%；第四是电力煤气及水的生产和供应业，平均获得近3420万元，共获得12亿元，占政府补贴支出的7%；第五是建筑行业，平均获得近2690万元，共获得96.5亿元，占政府补贴支出的3%；获得政府补贴均值最低的行业是金融、保险业，平均获得近367万元，共获得2200万元，占政府补贴支出的0.05%，其纺织、服装、皮毛生产业，平均获得450万元，农、林、牧、渔业平均获得政府补贴637万元，批发和零售贸易业平均获得667万元，石油、化学、塑胶、塑料行业平均获得688万元，医药、生物制品行业平均获得760万元。

2008年获得政府补贴均值最高的行业是采掘业，平均获得补助61742万元，其次是交通运输、仓储业，平均获得6196万元，最后是电力、煤气及水的生产和供应业、社会服务业、木材、家具行业。获得政府补贴均值最低的行业是其他制造业，平均获得436万元，其次是传播与文化产业、医药、生物制品、金融保险业、纺织服装皮毛行业批发和零售贸易、石油化学塑胶塑料行业。

2009 年获得政府补贴均值最高的行业是交通运输仓储业，平均获得政府补贴 1.21 亿元，其次是采掘业，平均值为 5515 万元，最后是电力煤气及水的生产和供应业、建筑业、金属与金属制造业、金融保险业、机器设备仪表制造业。获得政府补贴均值最低的行业是其他制造业，平均获得 368 万元，其次是传播与文化产业、医药与生物制品业、批发零售毛衣业、房地产业、社会服务业。

2010 年获得政府补贴均值最高的行业是电力煤气及水的生产和供应业，平均获得政府补贴 8963 万元，其次是采掘业、交通运输仓储业、建筑业、机械设备仪表制造业。获得政府补贴均值最低的行业是其他制造业，其次是社会服务业、批发和零售贸易业、房地产业、医药生物制品业、纺织服装皮毛业。

2011 年获得政府补贴均值最高的行业是采掘业，平均获得政府补贴 1.69 亿元，其次电力煤气及水的生产和供应业（平均获得政府补贴近 1 亿元）、交通运输仓储业（平均值为 6812 万元）、建筑业、金属、非金属业、电子业、机器设备仪器制造业等，这些行业所提供的产品具有公共品性质，各级政府加大对这些行业的补助有利于提升社会的整体福利水平，促进社会事业的发展，有助于改善民生。获得政府补贴最低的是社会服务业，其次是石油化学塑胶塑料业、纺织服装、皮毛制品业、综合行业、批发和零售贸易业、信息技术业。

从政府补贴强度来看，各行业在年度中分布略有变化，如金融保险业和建筑业在 2009 年和 2010 年获得的政府补贴增长较快，而建筑业对经济增长的贡献众所周知，不难理解政府对其加大扶持力度；金融行业首当其冲受到经济危机的严重冲击，出于维持金融稳定乃至整个国民经济稳定的大局考虑，政府明显加大对金融行业的补贴和扶持。联系到中央政府 2010 年调控房地产行业的新国五条等细则的出台，以及其他一系列抑制房价上涨的政策措施，不难理解在 2010 年后政府对房地产行业的补贴力度有所下降。

从政府补贴总额来看，获得政府补贴总额最多的前五大行业，大致可以分为公共服务类行业和高新技术产业两类。2007 年获得政府补贴最多的行业是采掘业，其次是信息技术业、交通运输仓储业、机械设备仪表业、电力煤气及水的生产和供应业。获得政府补贴最少的行业是木材家具业，其次是传播与文化产业、其他制造业、金融保险业、农林牧渔业。2008 年获得政府补贴最多的行业是采掘业，其次是电力煤气及水的生产和供应业、机械设备仪表业、金属非金属业、信息技术业，获得政府补贴最少的行业是传播与文化产业，其次是木材家具业、其他制造业、金融保险业、农林牧渔业。2009 年获得政府补贴最多的行业是机械设备仪表业，其次是交通运输仓储业、金属非金属业、信息技术业、电力煤气及水的生产和供应业。获得政府补贴最少的行业是木材家具业，其次是传播与文化产业、其他制造业、农林牧渔业、金融保险业。2010 年获得政府补贴最多的行业是机械设备仪表业，其次是电力煤气及水的生产和供应业、金属非金属业、石油化学塑胶塑料业、信息技术业。获得政府补贴最少的行业是其他制造业，其次是木材家具业、传播与文化产业、造纸印刷业、农林牧渔业。整体来看，补助最多的公共服务行业上市公司在 2007～2010 年间获得的政府补助总额（比率）分别为 114 亿元（43.32%）、765 亿元（80.56%）、130 亿元（35.50%）、139 亿元（25.55%），4 年间高新技术行业上市公司获得的政府补贴总额（比率）分别为 106 亿元（41%）、126 亿元（13%）、168 亿元（46%）、315 亿元（58%），这两大类行业上市公司获得的政府补贴占据了各年政府补贴的大部分。值得注意的是，虽然高新技术行业总体来说获得了 34% 的政府补贴，然而在政府补贴均值最高的前五大行业中几乎没有高新技术产业，而且医药生物制品业在 2007 年甚至位于政府补贴均值最低的五大行业之中。由此可见，虽然政府补贴的 1/3 支出给了高新技术行业，然而由于高新技术行业上市公司的数量较多，平均每个公司的补助力度并不大，尤其是医药生物制品业获得的政府补贴均值明显偏低。

另外，从政府补贴强度看，公共服务类行业的补贴力度较大，而该行业多是以国有企业为主，这一方面体现了政府对国有企业的优先扶持，也反映了政府对提供公共产品和服务的企业承担的社会服务功能的补贴。上述结果表明，公共服务行业和高新技术行业上市公司获得的政府补贴显著地高于其他行业，我国政府补贴的行业导向主要倾向于公共服务行业和高新技术行业两大类。进一步比较公共服务行业和高新技术行业，发现公共服务行业上市公司获得的政府补贴均值均明显高于高新技术行业上市公司获得的政府补贴均值。

上述统计分析结果表明，政府决策时优先考虑提供补贴给公共服务行业等行业上市公司，政策体现了行业导向性和产权导向，而政府补贴给公共服务行业体现政府本身的公共职能。

第四节　政府补贴的地区分布

从区域经济发展角度看，我国宏观调控政策的主要目标是，充分利用不同区域经济的比较优势，通过对落后地区的政策倾斜，缩小各地区经济发展的差距，实现区域经济和谐发展共进，使得全体国民都能获得水平相当的公共产品和服务。

改革开放之初，中央政府制定并实行了优先开放东部沿海城市的发展战略，东部沿海经济飞速发展的同时也带来了地区间经济发展的不平衡。1999年，为促进区域经济协调发展，中央政府在继续鼓励东部地区率先发展的基础上，先后制定实施了西部大开发、东北地区等老工业基地振兴和中部崛起战略，并出台了一系列相关政策措施，由此形成了国家区域发展总体战略框架。总体上看，以西部、东北、中部和东部四大区域为地域单元，对全国经济布局和区域发展进行统筹安排和部署，将有利于充分发挥各地区优势，明确各区域的功能定位和发展方向，引导形成优势互补、合理分工、良性互动、协调发展的区域新格局。中国的整体经济布局正在由过去各种经济要素和工业活动高度向东部地区集聚的趋势，逐步转变为由东部沿海地区向中西部和东北地区转移扩散的趋势，这表明，中国区域发展总体战略实施效果开始逐步显现，区域经济发展已经进入一个重要转折期。

现阶段，为促进西部地区经济社会进一步发展，中央政府继续推进实施西部大开发战略，对西部特别不发达地区宁夏、广西、甘肃相继出台了相关政策，加大政策扶持力度，促进当地经济社会发展。在 2010 年国务院出台的《国务院关于中西部地区承接产业转移的指导意见》中，也明确提出要进一步改善中西部地区投资环境，引导和支持产业有序转移和科学承接，在财税、金融、投资、土地等方面给予必要的政策支持。

如表 3 - 2 所示，从 2007～2012 年 6 年间东中西部和东北四大经济区域上市公司获得政府补贴情况看，东部的地方政府提供给所属上市公司总计 2303 亿元的补助，占政府补贴的 73%，而中部地区上市公司 6 年间获得的政府补贴总计 408 亿元，占政府补贴的 13%，西部地区上市公司获得总计 313 亿元，占政府补贴的 10%，东北地区上市公司获得总计 121 亿元，占政府补贴的 4%。

从 6 年收到政府补贴的平均值来看，东部地区平均补助强度为 3896 万元，中部地区平均为 3155 万元，西部地区为 2212 万元，东北地区为 2417 万元。这说明，由于东部地区整体经济实力强劲，地方政府提供的政府补贴的金额无论是总量还是平均值都明显高于中西部地区。

表 3 - 2		政府补贴总额的区域分布状况			单位：亿元	
地区	2007 年	2008 年	2009 年	2010 年	2011 年	2012 年
东部	93	324	270	382	552	682
中部	12	26	51	77	106	136
西部	13	22	44	60	75	99
东北	9	10	15	28	29	40

从政府补贴总额增长率和政府补贴平均值增长率来看，东部省区企业获得政府补贴都显著均高于中西部省区企业获得的政府补贴。2008 年金融危机爆发后，上市公司获得的政府补贴金额激增，东部省区上市公司获得的政府补贴总额和均值的增长率分别达到 257%、187%，而西部省区上市公司收到的政府补贴政府没有东部省区高，前面分析指出，2008 年的金融危机后，地方政府都加大了对上市公司的补助力度。可见，政府补贴明显取决于各地区经济发展水平和各级政府的财政收支状况，西部地区地方政府也正积极加大对所属地区上市公司的扶持力度，但增长幅度低于东部地区，原因可能是在于西部地区总体上财政实力有限，地方政府无更多的财政补贴当地企业，无疑会加剧区域经济发展的不平衡，因此中央政府面临如何通过合理的财政转移支付来有效调控这种差距。

第五节　国有企业和民营企业的政府补贴

从我国国有企业的改革方向看，当前我国政府的主要政策导向，一是继续推进和深化国有企业改革，加快国有企业的战略型调整步伐，推动重点行业结构调整和重组；二是大力促进非公有制经济发展，推行扶持民营企业的各种政策措施；三是推进混合所有制企业的发展，在国有企业中引入非国有资本，推动国企的深化改革。在此政策背景下，各地政府也开始采用政府补贴政策工具，一些民营公司收到政府补贴也开始增多。2007～2012年6年间，国有上市公司获得政府补贴2368亿元，占政府补贴总额的68%，民营上市公司获得1018亿元的政府补贴，占政府补贴总额的32%。从各年补助总额来看，2007年上市公司收到补助总额为128亿元，其中民营上市公司收到政府补贴约占21%，国有上市公司收到的政府补贴接近79%。2008年，各级政府给予上市公司的补助总额为384亿元，其中国有上市公司得到87%，占绝大多数，而民营上市公司企业得到12%，仅为1/10。2009年，上市公司收到的政府补贴总额为381亿元，其中，国有公司收到的政府补贴约占70%，民营上市公司收到的政府补贴约占30%。2010年，政府提供补助总额为549亿元，其中，国有上市公司收到政府补贴为总额的65%，民营上市公司收到的政府补贴为总额的35%。2011年，上市公司收到444亿元政府补贴，国有上市公司收到其中的58%，民营上市公司得到其中的42%。2012年国有上市公司收到补贴总计704亿元，占70%，而民营上市公司共计收到296亿元，占30%。从产权属性来看，国有上市公司获得的政府补贴仍然占大多数，但是，其趋势是逐年下降的，与此同时，民营上市公司收到的政府补贴金额则呈现逐年递增的趋势。

从补助均值来看，如图3-3所示，国有公司获得的政府补贴强度显著地高于民营企业获得的政府补贴。进一步看，中央政府控股的国有公司获得的政府补贴也明显高于地方政府控股的国有企业。可见，我国目前的政府补贴体系仍然是以国有公司为主体，国有公司获得了大部分政府补贴，与此相对应，民营企业获得的政府补贴仍然低于国有公司获得的政府补贴，但是，如果从历年政府补贴趋势来看，民营企业获得的政府补贴却在逐年增加，且这一趋势随时间推移越来越明显。2007年民营企业平均获得政府补贴金额仅为1000万元，而到2012年则已经增长到2000多万元，增加了一倍多，民营公司收到政府补贴总额比率也从2007年的21%上升到2012年的30%，无论是从收到政府补贴的总额还是强度上看，民营企业收到的政府补贴都呈增长态势，伴随的是国有企业政府补贴的下降趋势。这一现象该如何理解？是否意味着政府对国有企业和民营企业一视同仁，公平对待？这一问题尚需要后文解答。此外，央企由于规模庞大，虽然收到的政府补贴总额较高，但是从强度来看，却与其他企业没有显著差异。

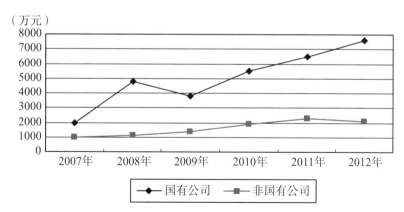

图 3 – 3　2007 ~ 2012 年国有和非国有公司政府补贴强度的比较

第六节　政府补贴在 ST 公司和非 ST 公司之间的分布情况

　　为保证资本市场健康有序发展，我国资本市场设置 ST 和 PT 等退市制度来实现资本市场的公平竞争和公司的优胜劣汰，保护中小投资者利益。上市公司市场退出机制是资本市场发展成熟的一个重要制度设计，通过退市制度来实现上市公司优胜劣汰，保护投资者的合法权益。证监会一直在探索建立和完善不同层次市场间的准入、退出机制，发挥资本市场优胜劣汰功能，满足不同企业的融资需求。退市制度使得政府补贴对 ST 公司和非 ST 公司可能会产生不同的政策选择。上市公司一直是各级地方政府形象的代言，上市公司数量的多寡甚至一直是一些地方政府比拼政绩的阵地，退市制度使得地方政府可能出于保壳的动机而对对 ST 公司和其他能采用不同的补助政策。公众质疑政府补贴的公平性，其中一个原因是政府补贴直接增加上市公司利润，从而保住上市公司壳资源。从数据统计看，2007 ~ 2012 年 6 年间，其他上市公司共获得 3150 亿元的政府补贴，占政府补贴总支出 97%，而 ST 上市公司共获得了 64 亿元的政府补贴，仅仅占政府补贴支出的 3%，当然考虑到 ST 公司本身数量较少，而政府补贴能够帮助部分上市公司进行盈余管理，使得一些本来可能亏损的公司避免 ST 命运，那么，要观测两类公司收到政府补贴的差异，应该主要考察两类公司收到政府补贴的强度以及公司的利润形成原因。表 3 – 3 反映了 ST 与其他公司收到政府补贴情况对比。2007 ~ 2012 年 6 年间，ST 公司获得的政府补贴总额（比率）分别为 3.7 亿元（2.9%）、4.3 亿元（1.1%）、6.2 亿元（2.6%）、14.7 亿元（2.5%）、15.7 亿元（2.0%）、20 亿元（2.0%），可见，ST 公司只是获得了政府补贴的一部分，而且 ST 公司获得的政府补贴比例总体上也呈现明显的下降趋势。从每家公司收到政府补贴额度看，ST 公司获得的政府补贴强度并不显著高于其他公司，甚至明显低于其他上市公司，再结合 ST 公司本身的利润状况分析，可以发现，政府补贴给 ST 公司帮助 ST 公司扭亏保壳等已经不再是政府在补贴决策时考虑的主要原因，政府补贴的盈余管理与动机已经减弱，这也预示政府补贴的其他动机开始转变。

表 3 - 3　　　　　政府补贴在 ST 公司和其他公司的分布状况　　　单位：亿元

	2007 年	2008 年	2009 年	2010 年	2011 年	2012 年
ST 公司补贴总额	3.70	4.30	6.20	14.70	15.70	20.00
其他公司补贴总额	124.00	380.00	375.00	534.00	755.00	980.00
ST 公司平均补贴额	0.08	0.08	0.09	0.22	0.21	0.42
其他公司平均补贴额	0.14	0.35	0.26	0.30	0.36	0.48

第七节　本章小结

本章主要研究了在目前我国经济转型的特定制度环境下，上市公司获得政府补贴的区域、行业等分布情况。通过对 2007 年金融危机后，各级政府给予上市公司补贴情况进行一系列的分析，结果显示，总体上，金融危机之后，我国提供给上市公司的政府补贴金额巨大并且持续增长，甚至有些上市公司收到的政府补贴金额达二十多亿元；从行业分布来看，在政府补贴总额最多的前五大行业中，政府更倾向于补贴公共服务类行业和高新技术产业两类上市公司，反映了各级政府一方面偏好对所属地区高新技术上市公司扶持和资助，说明政府对创新的重视，另一方面又对一些提供公共服务的上市公司可能因为承担的社会目标予以补偿；从政府补贴的地区分布看，政府补贴明显取决于地方政府的财政状况和经济发展水平，虽然西部地区政府对上市公司的扶持力度在逐步加大，但是增长幅度并不明显，且低于东部地区，原因在于西部地区总体上财政实力有限，地方政府无更多的财政补贴当地公司，这无疑会进一步加剧区域经济发展的不平衡，造成贫者愈贫、富者愈富；从产权性质方面看，政府提供给民营公司补助力度开始增加，但和国有公司相比，民营公司收到的政府补贴还是明显偏低，不论是政府补贴强度和总额都显著低于国有企业。从政府补贴总额以及均值来看，ST公司获得的政府补贴并不是显著高于其他公司，这表明通过补助实现公司保壳的动机已经大大弱化。

　　因此，本书推测，金融危机后，政府补贴之所以激增，主要源于地方政府通过发放补贴来激励地区所属企业以投资来拉动经济增长，避免经济下滑风险。

第四章

政府补贴的理论和制度基础

中国经济自改革开放以来保持了近 30 年的高速增长的优异表现得益于政府部门的决策。我国政治组织形式相对集中，地方官员的任免和晋升机制形成了一种竞争格局。这种晋升机制凸显了政府官员的个人激励，中国政府补贴盛行的深层次的制度原因在于各级官员追求经济增长的内在激励，投资作为拉动经济增长的"三驾马车"一直是支持中国经济高速增长的引擎，可以推测政府给所属企业大量补贴更多在于撬动企业的投资热情。

第一节 "晋升"锦标赛机制

一、"晋升"锦标赛理论概述

"晋升锦标赛"理论由拉泽尔和卢森（Lazear and Rosen, 1981）较早提出，分析的是公司管理中委托—代理关系的激励机制。卢森指出组织内部的员工在通过不断的竞争向上获得升迁机会时，其竞争格局就如同在从事不间断的淘汰比赛。在此基础上，另一著名学者贝克（Baker）认为职业晋升是"锦标赛晋升"的理论模型中最核心的激励机制，因此贝克首次在其论文中使用了"晋升锦标赛"的概念，这个"锦标赛晋升"体系的核心是将高绩效员工提拔到更高层级职位上，充分发挥薪酬激励机制的激励作用，保证员工能力与工作相匹配，最终创造高绩效。

中国学者姜树林等提出，"锦标赛"理论将员工之间的竞争描述为一场体育比赛，一个组织或单位内部，只有在锦标赛中取得胜利的人才能取得或占住职位。如果职位出现空缺，或者在位者难以胜任，则需要提拔其他人去填补这个空缺，因此，在锦标赛完成之后，委托人遵照事前承诺，为优胜者提供或晋升职位。由此引申到职务"晋升锦标赛"，则是将上级政府作为委托人，将多个下级政府作为代理人，下级政府的代表即地方官员为了得到委托人的报酬奖励而开展的晋升竞赛，获胜者将获得职位升迁，而竞赛的项目内容则由上级政府决定，它可以是 GDP 数量，可以是财政收入的增长率，也可以是其他可度量的指标，比如计划生育完成情况、招商引资金额数量、重大事故发生情况、社会治安与稳定状况等。

中国政府部门具有高度集权的人事任命权，导致相同级别上的政府官员之间存在着"晋升锦标赛"（乔坤元，2013）。基于对中国官员生态的长期思考，周黎安第一次使用晋升锦标赛假说来研究地方政府官员的绩效考核安排、相对应的政府行为以及对辖区内经济社会的发展影响（周黎安，2007）。在官员"晋升锦标赛"体系中，地方政府实施最有效的绩效管理模式是目标责任制考核制度。其基本特征是：上一级政府在规定的时间区间内（一般为 1 年）确定总体任务目标，然后将此目标任务按照行政区划层层发包，逐级落实（签订目标责任书），同时根据签订的目标任务确定考核结果，最终将该考核结果作为决定官员是否晋升的参考标准（刘剑雄，2008）。目标责任考核制度使上级领导和官员个人都能相对透明的了解任务目标完成情况。

在诸多的考核指标中，各地方政府都将经济发展水平作为考核目标的重中之重（乔坤元，2013）。归纳起来，目标责任制的考核方式下，地方官员晋升机会与辖区内经济发展水平挂钩，地方官员的政治晋升以经济绩效为主。地方政府官员为获得职务晋升，就必须围绕着经济绩效而展开激烈竞争，必须努力使其绩效排名优于同级别其他竞争者。在这样的背景下，地方政府官员会向辖区内下一级官员提出更高目标，不断放大锦标赛竞争的激励，从而导致层级越低，官员竞争越激烈的局面（姚洋，张牧扬，2013）。

"晋升锦标赛"引致的晋升激励使中国地方政府官员有动力去发展辖区内经济活动，从而促进了辖区内经济的腾飞（蒋伏心，林江，2010）。周黎安开创性的研究表明地方政府 GDP 增长程度有力地正向促进了辖区内官员晋升概率。此外，"晋升锦标赛"还导致了地方政府为发展本地经济竞相招商引资，地方官员为在晋升竞争中占据有利位置，就必须利用一切尽可能的措施来刺激本地经济，此时招商引资就成为地方官员制造政绩的有效方式（陈钊，徐彤，2011）。总结起来，"晋升锦标赛"考核机制的引入彻底改变了地方政府官员对经济增长的激励和态度问题，使得地方政府官员有了发展经济的动力源泉，地方政府官员为促进辖区内经济增长而展开激烈的竞争（刘佳，吴建南，马亮，2012）。

二、"晋升锦标赛"机制与经济增长

回顾中国经济的改革开放之路，不难发现，各级政府在其中扮演了极其重要的角色，也就是说，经济增长主要是由政府推动的，而不是民间经济的自由和任意发展。这一经济发展模式也被称为政府主导型经济，这是发展中国家赶超现代发达国家的一大特点，特别是针对中国这样人口众多、资源稀少的国家而言，政府的主导作用更是经济与社会发展的一个优势，可以避免早期资本主义国家在原始积累阶段出现的种种弊端。然而，政府的这一主导作用如何发挥，则显得非常关键。在政治学者杨光斌教授看来，中国的政治经济关系遵循着"制度环境—制度安排—经济绩效"的逻辑结构。从这一角度出发，中国的经济增长及其相关问题自然就离不开政治制度环境。官员职务晋升在这一背景下得到学界更大关注，中国经济增长及其相关问题也正是从这一角度出发得到了更深入的阐述。

改革开放之后，中国逐步放弃了大部分中央计划体制并逐渐转型到市场经济，还制定了高速经济增长的目标并在政治体制内自上而下地实施。为了完成增长目标，中央政府努力寻找推动经济增长、保持社会和政治稳定的官员激励机制。李（Li）等运用中国改革以来的省级官员的数据，系统地验证了地方官员晋升与地方经济绩效的显著关联，为地方官员晋升激励的存在提供了重要的经验证据。他们发现省级官员的升迁概率与省区国内生产总值的增长率呈显著的正相关关系，这说明中央在考核地方官员的绩效时，理性地运用相对绩效评估的方法，即将现任官员升迁的概率与其前任的绩效或者邻近省份的绩效挂钩。

周黎安（2007）系统地考察了中国地方政府官员的治理模式——"晋升锦标赛"模式的特征与性质，并试图解析中国高速经济增长背后的政治经济学逻辑以及由此而伴随的各种特有问题。周黎安认为，作为中国政府官员的激励模式——"晋升锦标赛"是中国经济增长奇迹的重要制度保障。周黎安（2007）的这一假说也被其他学者反复考察。比如乔坤元（2013）使用 1978～2010 年我国省市两级政府的面板数据进一步对晋升锦标赛机制进行了多个角度的考察，发现我国确实存在一个以经济增长为主要考核内容的官员"晋升锦标赛"体制，而且这一机制具有从省级到市级自上而下竞争逐渐升级的特点。

近些年来，学术界一致认为，传统的财政联邦主义下，地方主要官员追求经济增长与财政收入，他们是作为经济人而存在的，但从"晋升锦标赛"理论出发，各级地方官员更是追求职务晋升的政治人，他们总是希望寻求一切可能的职务晋升。然而，现行职务体制下，上级制约下级最有力的手段就是人事任免，并以此掌控下级官员的职务晋升。由此，上级则可以通过"晋升锦标赛"来考核下级官员，而经济绩效则是关键指标，从而促使地方官员有强烈动力发展经济，以此获得职务上的晋升，这也普遍被认为是现行体制的一大优势。李宏彬等人通过实证研究，证明了晋升锦标赛在中国地方政府特别是省级政府层面的确存在并十分有效，这为经济增长动力的理论解释和地方官员晋升激励理论提供了经验佐证。通过观察中国改革初期 16 年之间（1979～1995 年）省委书记与省长的更替数据，李宏彬发现了一个规律：省级官员的升迁概率与省区GDP 的增长率呈显著的正相关关系，晋升的概率随着其所在地经济增长率提高而提高，而其离岗的可能性也随着经济绩效下降而提高。犹如完全竞争的市场经济一样，官员的晋升竞争也是非常残酷的，同样适用优胜劣汰的市场规则。如果某官员带来更高的增长率，那么其提拔概率也会提高。反之，如果某官员任期内，该地区经济增长率不升反降，便可能需要离岗离职。而且，中央在考核地方官员的绩效时，理性并科学运用相对绩效评估方法来减少误差，尽可能排除一些干扰因素，提高晋升规则的科学程度和激励效果。在李宏彬研究的基础之上，周黎安等扩展了数据样本的收集年限（1979～2002 年），这样便使得论据更加充分全面。通过深入考察地方官员的行动逻辑与晋升机制，周黎安等人侧重研究了晋升锦标赛作为一种考核机制在官员升迁过程中的重要性。这些研究支持了这样的一个理论观点：中央政府通过运用人事控制权，激励地方官员千方百计促进地方经济发展。

第二节　财政分权与经济增长

一、财政分权理论发展

财政分权是指，中央政府给予地方政府一定的税收权和支出责任范围，允许地方政府自主决定其预算支出规模和结构。自 20 世纪以来，财政分权已经成为世界各国十分普遍的现象。发达国家大部分都实行财政分权。在人口超过五百万的 75 个转型经济国家中，84% 的发展中国家正致力于向地方政府下放部分权力。伴随着财政分权实践的发展，财政分权理论以 Tibeout1956 年的经典文章《地方公共支出的纯理论》为起点，经历了三个发展阶段。

1. 以哈耶克（Hayek）、蒂布特（Tibeout）、马斯格雷夫（Musgrave）、奥尼亚特（Oate）为代表的第一代财政分权理论

其核心观点是，如果将资源配置的权力本身更多地向地方政府倾斜，那么，通过地方政府之间的竞争，能够迫使政府官员的财政决策更好地反映纳税者的偏好，从而强化对政府行为的预算约束，相当程度上改变中央政府在财政决策中存在的不倾听地方公民意见的状态。

2. 以蒙蒂诺拉（Montinola）、钱（Qian）等为代表的第二代财政分权理论

第二代财政分权理论承认对政府本身有激励机制。它假定政府并不是普济众生式的救世主，政府官员也有物质利益，官员有可能从政治决策中寻租。一个有效的政府结构应该实现官员和地方居民福利之间的激励相容。温加斯特（Weingast，1995）等以英美等国的发展历史为背景，在新制度经济学框架中系统地提出了市场保护型联邦主义（market preserving federalism，MPF），强调中央－地方分权及辖区间对流动资本的竞争可促使地方政府构建友好的商业环境，从而促进经济增长。虽然 MPF 提供了财政分权与经济增长之间关系的合理理论逻辑，但针对 MPF 的批评也随即而起。现有的批评主要集中在 MPF 的五个特征之间的紧张关系，这些特征与现实之间的矛盾，以及由分权和辖区间

竞争所产生的负效应等。

3. 财政分权理论研究新进展

进入 21 世纪以来，随着世界范围内分权实践的范围和程度的进一步深入，一些发展中国家将收入和支出的权利转移给下级政府，和谐世界成为人类社会发展的新命题。关于财政分权的实践与理论研究不断深化，除了第二代财政分权理论提及的目标之外，一些研究则尝试从更广泛的社会问题出发，如腐败、环境污染等角度，关注财政分权与社会发展问题的联系。

二、中国的财政分权实践

20 世纪 80 年代以来我国经历了三次较大的财政体制改革，其实质均是以不同的形式实行财政包干制，即地方政府经由谈判确定向它的上级政府上缴一个固定比例或额度的收入后，可以保留剩余的款项，同时，中央政府不断地将公共物品或服务的融资责任下放给地方政府。从分权的角度来看，财政包干制有利有弊，一方面，中央政府通过赋予地方政府以财政收入的剩余索取权，激励地方政府在各自的辖区范围内推动地方经济增长，在相对意义上增加了地方税收收入；另一方面，这一制度无法规避地方政府将预算内的财政资源转移到预算外或制度外渠道，或通过税收减免的方式藏富于企业，从而减损了上缴给中央财政的比例。

为了纠正财政包干制所造成的财力分散的制度偏差，中央政府于 1994 年 1 月 1 日起进行了分税制改革，以税种税率分成代替财政包干制时期的收入分成，但对支出责任在中央政府与政府之间的分配却没有突破财政包干制时期的框架。1994 年分税制改革之后，中国的财政收入集中度和财政支出分权度双双升高，地方政府的财政收支缺口因此而逐渐扩大，这就造成了地方政府财政收支的不对等，即在中央财力逐渐增大的同时，随着财政支出任务的层层下放，地方政府的事务在日益增加。21 世纪以来推行的公共财政体系建设虽然对此进行了矫正，但矫正的效果仍不明显。尽管改革开放之后顺次实行的财政包干制和分税制在制度规则上存在着根本性的差异，但是它们都无一例外地满足财政分权理论关于财政权力转移和财政职责分工的要求，因而将当代中国的财政体制归结为分权化的财政体制是合适的。

很多中外学者关注中国财政分权对经济增长影响的贡献。林和刘（Lin and Liu，2000）认为财政分权积极地影响了中国经济的增长。林和刘（2000）注重于地方政府对中央财政政策激励的反应，使用边际留成比例即地方（省）政府收入增长部分的留成比例衡量财政分权（不同于 Zhang 和 Zou 的人均省及省以下的财政支出与中央财政支出的比例）。林和刘（2000）使用了 30 个省级政府中的 28 个政府的数据，时间序列从 1970～1993 年，这样可以把家庭联产承包责任制放入样本时期。林和刘（2000）同时还用非国有企业的产出在社会总产出中的比重衡量非国有企业在产业中的重要性。他们认为财政分权主要通过提高资源配置的效率，而不是以投资促进经济增长。他们同时提出，除了财政分权，其他的改革（比如家庭联产承包责任制和产业私有化）也有助于中国的经济增长。马（Ma，1997）同样发现财政分权促进了中国的经济增长。

国内许多学者的研究都发现，财政分权对经济增长产生了积极作用，如马骏（1997）、林毅夫（2002）、乔宝云（2002）、钱颖一和 Weingast（2005）、沈坤荣和付文林（2005）、张晏和龚六堂（2005）、周业安和章泉（2008）、刘小勇（2008）、张曙霄和戴永安（2012）。他们的研究发现，通过财政分权，提高了资源配置效率，对经济增长产生积极影响；财政分权对经济增长产生的影响是非线性的，而且存在显著的跨时差异和地区差异，同时，财政分权也是导致经济波动的重要原因。其中，张晏、龚六堂（2005）利用中国内地 1986～2002 年间 28 个省份的面板数据对财政分权与经济增长、区域经济增长之间的关系进行了实证检验，发现分税制改革之前财政分权不利于经济增长，而分税制改革后财政分权促进了经济增长，同时经济发展程度较高的东部各省的财政分权效果要大于经济较落后的中西部地区。沈坤荣、付文林（2005）利用 1978～2002 年间的面板数据对中国财政分权制度演化与省际经济增长的关系进行了实证检验，发现财政分权可以有效促进经济增长。刘金涛等（2006）利用 1982～2000 年相关统计数据研究发现，如果用地方自主权作为分权指标，那么改革开放以来，分税制以前，财政分权对经济增长产生负面作用，分税制之后，财政分权对经济增长具有正的影响。温娇秀（2006）利用 1980～2004 年省级面板数据研究发现，财政分权总体上促进了我国的经济增长，而且我国财政分权的经济增长效应存在显著的跨区差异，东部地区的财政分权经济增长优势高于中西部地区。刘小勇（2008）利用 1998～2005 年的面板数据，检验了省及省以下财政分权对省际人均 GDP 增长率的影响，发现省级财政分权和省以下财政分权对省际人均 GDP 增长率影响为正，省以下收入分权和财政自给率对人均 GDP 增长率具有负向影响。张曙霄、戴永安（2012）利用 2001～2008 年中国 266 个地级及以上城市的面板数据，基于面板分位数回归模型方法，检验了财政分权对经济增长的影响，发现财政分权确实促进了城市经济增长，但不同分位水平下其影响存在显著差异。

其他一些学者的研究认为，财政分权对经济增长具有消极影响。张涛和邹恒甫（1998）发现，省级财政分权与各省经济增长之间的系数显著为负，特别是在 1985～1989 年表现更为明显。殷德生（2004）发现，财政分权水平不仅没有有效促进地区经济增长，反而还加剧了地区经济发展的差异程度。沈伟（2008）则认为，无论是在 1994 年分税制改革前，还是在分税制改革后，中国国税权划分与经济增长之间都表现出显著的负相关。

第三节　本　章　小　结

地方官员"晋升锦标赛"理论试图研究在转型中地方政府治理对经济发展的作用，强调了地方官员在中国经济发展中发挥的积极作用。对财政分权与经济增长间是否存在因果关系，多数学者肯定分权体制的对于经济增长的积极意义，但由于财政分权的度量存在很多争议，财政分权度量方式的不同导致研究结论出现不同的结果。正是由于追求晋升的激励加上财政分权提供地方政府财政自主权，各级地方政府有动机也有能力通过补贴所属企业来推动投资。

第五章

上市公司政府补贴的盈余管理问题

自 2008 年起，从美国开始的金融次贷危机几乎波及全球，这一次贷危机导致了全球性的经济危机，给不少国家的经济带来了沉重的打击。金融危机也给很多国内企业带来了消极的影响，尤其是出口加工型企业。为了应对金融危机，我国政府采取了积极拉动内需的方案，使得危机的影响最小化。为了达到拉动内需的目的，中国政府先后推出了 4 万亿元计划和十大产业振兴计划，地方政府的累计预算已经达到了 18 万亿元。对于如此数额巨大的资金，地方政府拥有资金的分配权利。

近年来，随着政府给上市公司的补助增加，财政部、证监会等监管部门渐渐意识到上市公司会利用当地政府提供的财政补助来操纵公司会计利润，为此，相关部门不断完善政府补助的相关法规、政策，从而尽可能地缩小地方政府操纵上市企业业绩的空间。尽管地方政府在上市公司配股中发挥的作用有所减弱，但是依然可以采取其他方式直接或间接地参与上市公司盈余管理，从而实现再融资以及保住其壳资源的目的。

第一节　政府补贴和盈余管理的相关理论

一、政府补贴的理论基础

1. 利益相关者理论

利益相关者理论认为：考虑和企业有利益关系的相关者，并尽可能满足他们的要求，实现共赢，才是企业赖以生存发展的方法。上市公司存在着很多的利益相关者，有股东、管理者、员工、供应商、客户、债权人、政府等。处理好和这些利益相关者之间的利益关系是上市公司日常经营管理的重点。

对于股东而言，他们提供资本希望实现股东权益最大化；对于管理者和员工而言，他们提供劳动力希望实现自身利益最大化；对于供应商和客户，他们希望通过销售关系满足自身需求；对于债权人来说，他们提供经济资源希望获得利息收益；而对于政府而言，他们提供公共资源，希望提高上市公司业绩从而带动地区经济的发展。

在以上利益关系中，政府和上市公司之间的利益息息相关。一方面，政府补贴可以帮助上市公司提高其盈余水平；另一方面，上市公司的发展会带动地区经济发展，促进地方就业，有利于提升当地政府工作人员的绩效水平，因此，地方政府乐于把补助给予上市公司。

2. 信息不对称理论

信息不对称理论认为：每个个体获得的企业信息是不对称的，有的个体可以获取其他个体无法获取的信息。对于企业的管理者，他们总是能够获得内部信息，而在上市公司中，政府也常常具有信息优势。首先，我国很多上市公司的前身就是国有企业，或者是从国企中分离出来的。其次，在这些上市公司中，国有股和法人股往往占公司股权的大部分，向公众发行的流通股占小部分，这就会导致国有股或者法人股成为上市公司的控股股东，拥有决策权，他们有权利任免上市公司的管理者。最后，由于上市公司的管理者很多都保留了干部的身份，与当地政府有千丝万缕的关系。综上所述，由于信息的不对称，在上市公司中，政府具有一定的信息优势，这使得政府更容易参与上市公司的盈余管理。

3. 委托代理理论

委托代理理论强调经营权和所有权的分离，以克服所有者兼具经营者的弊端。管理者在实现自身效用最大化的同时也要尽量保证股东权益最大化。

依据委托代理理论，上市公司股东任免企业管理者。由于我国很多上市公司的控股股东是地方政府，而公司的管理者直接由政府任免。由于管理者对控股股东即政府负责，他们在决策过程中更多考虑的是政府的利益，这就违背了市场化的原则。政府对企业的经营决策加以干预，能够直接操控上市公司的利润，从而对上市公司的盈余管理产生影响。

二、政府补贴的意义

1. 政府补贴的直接意义

政府补贴与企业发展和社会公众的利益息息相关，合理正确地利用政府补贴会促进社会发展，政府补贴的直接意义主要体现在如下两个方面：（1）政府补贴能够促进优质企业更好的发展。很多优质企业如高新技术企业，在市场竞争中具备核心竞争力，但是在企业成长的初期，由于投入比较大，他们常常面对资金短缺的问题。政府对这些优质企业进行补贴，可以帮助他们克服障碍，快速成长，发挥其潜力。（2）政府补贴也可以维持地方稳定，促进就业率的增长。地区稳定是地方经济发展的基础，而提高就业率有利于维持地方稳定。政府补贴可以帮助企业扩大生产规模，从而提供更多的就业机会。

2. 政府补贴的间接意义

一方面，政府补贴有利于维护地区的形象。企业作为一个区域的标签，能够彰显出区域的魅力。如诞生了联想、方正、新浪、搜狐等一批知名企业的中关村，就是中国科技基础产业的摇篮。在那里，技术创新、管理创新和商业模式创新都能得到政府的支持，因为知名企业的健康发展有助于维持地方经济平稳发展的形象。站在政府角度，地区知名企业的经营状况影响当地经济情况，影响他们的绩效考核，所以他们往往会给予这些企业更多的关注。另一方面，政府补贴会带来地方经济的增长。促进当地经济稳定健康增长是政府的一个十分重要的职责，经济发展状况往往是政府官员晋升的考核指标，所以政府尤其关注地区企业的发展。他们会提供财政补贴吸引投资，也会通过降低税负等方式来提高当地企业的利润，从而促进当地经济发展，以维护政府的良好形象。

三、盈余管理相关理论

1. 契约摩擦和沟通摩擦

委托代理理论的发展是盈余管理的摩擦理论存在的前提。在委托代理理论中，所有权和经营权相互分离，管理者负责企业的日常经营。但是由于考核评价机制的不健全，企业报表中的会计利润往往是股东对企业管理层考核的指标。在这种情况下，企业的管理者会更加关注对自己考核有利的相关指标，这就是企业盈余管理出现的重要原因。如果股东和管理者之间的信息对称，盈余管理的摩擦性便不复存在。

契约摩擦的存在是因为股东和管理者之间的管理协议往往是固定的，没有灵活性。而实际上，企业的生产经营状况受到很多因素的影响，很容易发生变化，这就会与企业固定的管理协议产生摩擦。管理者为了规避这种摩擦，就会进行一定的盈余管理。信息的不对称会造成盈余管理的另外一种摩擦：沟通摩擦。管理者和所有者之间存在着信息不对称的问题，管理者往往拥有更多的信息资源，这给管理者进行盈余管理提供了前提。在市场经济的背景下，这两种摩擦是很难完全消除的。

2. 经济收益观与信息观

经济收益观认为盈余管理和经济利益息息相关，但是企业的会计信息很可能被恶意的盈余管理所扭曲。产生这个现象的原因在于会计政策的可选性，企业的管理者为了达到某些财务指标，在不违反法律的前提下，往往会选择一些能够帮助其提升利润水平的会计政策，这使得企业的会计信息产生偏差。由于这些偏差是隐蔽的，这种盈余管理的手段也不易被人发现。在经济收益观下，企业的真实收益十分重要，而在信息观中，"信息含量"才是第一属性。信息观中也包含了信息不对称理论，它认为企业的管理者具有一定的信息优势，能够在一定程度上利用这种优势进行盈余管理。在这种背景下，公众并不关注企业报表中收益的相关数据，并且报表数据和真实数据的偏差也不再重要。

基于以上的观点，本书认为盈余管理是在不违反法律的前提下，企业的管理者为了实现某种特定的目标，使用对自己有利的会计政策来影响企业真实财务状况的行为。

四、政府盈余管理的动因

1. 筹资动因

筹资动因是企业进行盈余管理最主要的原因。很多企业希望获得上市资格从而从公开市场中募集资金，但我国对企业上市有很严格的要求，《公司法》规定，企业上市必须满足连续三年盈利以及有能力向股东支付股息红利的条件，才可以获得上市的资格，为了实现上市的目标，很多企业便选择盈余管理的方式粉饰企业的财务数据，从而使自己符合上市要求。我国对上市公司配股也提出了要求，公司连续三年的净资产收益率要不低于10%，无法达到这一合格线又想获得配股资格的企业可能就会进行盈余管理来美化自己的财务指标。同时，粉饰过的财务报表更容易吸引大家的注意，有利于企业提高股价。

2. 节约税收动因

盈余管理的另一个重要原因是企业的节税动机。企业所缴纳的所得税是在经过纳税调整的会计利润的基础上计算得到的。为了减少税收，企业希望通过调节利润来减少所得税费用。尽管税法中规定了一些纳税调整项目，可能会在一定程度上限制企业的盈余管理，但由于我国的税法体系不够完善，仍然给企业留有调节利润的空间。同时，我国存在很多的税收优惠政策，政府会给予当地企业一些税收优惠，参与企业的盈余管理，这也会减少企业的税收开支。对于企业来说，他们也会选择对自己更有利的会计政策或者会计方法来调节计税基础，从而降低企业的税负，减少企业的现金流出。

3. 减少政治成本动因

政治成本动因是指企业会受到相关部门的监察和管理，而这些部门监管的主要指标就是企业的财务数据。如果企业的财务数据未达到监管部门制定的相关标准，这些监管部门会对企业做出一些严格的政策监管或经营限制。相反地，如果一个企业的财务数据中利润很高，就会引起社会公众的关注，这时，地方政府迫于舆论压力可能会对这个企业增税，或者让其承担更多的社会责任。这些都构成了企业的政治成本，为了减少这种成本，企业可能会使用一些盈余管理的手段使自己的财务指标保持在一个稳定正常的水平。政治成本对企业的影响越大，企业进行盈余管理的可能性就越大。所以，政治成本的存在也促进了企业盈余管理的发展。

4. 减弱违约风险动因

债务契约是由企业和债权人签订的，它的目的是为了限制企业管理者滥用债权人资本而伤害债权人利益这种情况的发生，它本质上是维护债权人利益。债权人向企业提供资金，不参与企业的经营管理，只是在到期后获得一定的利息收入。当企业经营不善，面临破产时，债权人很可能收不回自己的本金和利息。为了规避这种情况的发生，债务契约中对借款企业制定了一系列指标要求，当借款企业不能达到这些指标要求时，他们需要赔付给债权人相应的违约金。在这种背景下，如果借款企业的财务状况出现一些问题，企业管理者希望通过一定的方式来改善债务契约中规定的指标，从而避免一笔违约金。这种情况也是企业盈余管理的一个原因。同时，改善企业的财务指标符合企业管理者的利益要求，管理者乐于通过盈余管理的方式来改善企业的经营情况，并且实现自身利益的最大化。

第二节　政府补贴参与上市公司盈余管理分析

一、政府参与上市公司盈余管理的动机

1. 地方保护动机

随着我国市场化进程不断深化，地区间的竞争也越发激烈，一个地区企业的发展状况决定该地区的经济状况。所以，政府非常重视当地企业的发展情况，这就是政府的地方保护动机，为了维护地区利益，政府往往积极改善市场环境、完善相关政策，促进地方上市公司发展，从而带动地方经济的发展。但是政府与地方企业过于亲密也会造成企业过分依赖地方政府的后果，政府对企业的影响越大，企业就越依赖政府。总之，政府的干预已经成为影响一个地区经济发展的关键性因素。

地方保护还能为政府解决一些社会问题，如改善就业环境，促进地区稳定。对政府自身而言，企业的发展会增加他们的财政收入，帮助政府提高公共治理绩效。因此，政府会采取财政补贴以及税收优惠等方式来参与当地企业的盈余管理。

2. 提高政府绩效动机

如今，衡量一个地区政府绩效的主要指标就是地方经济发展情况。所以地方政府的工作重心已经发生了改变，他们越来越重视当地企业尤其是上市公司的盈利情况。一方面，地方政府有权利支配财政资金，他们必然愿意补贴能促进地方经济发展的企业，或者给予这些企业税收优惠；另一方面，目前中国很多的上市公司的管理者都不是通过市场竞争选拔的，而是地方政府直接任命或委派，这使得上市公司和企业间的关系变得亲密。政府补贴提高了上市公司的利润水平，带动了地方经济发展，提高了政府绩效水平。上市公司作为一个地区经济发展的标签，对地区的形象十分重要。良好的地区形象说明了地方政府管理水平高，政绩突出。所以，无论是实现利益最大化还是为了地方形象，政府都乐于采取各种手段提升地方上市公司的利润水平，参与其盈余管理。

二、政府参与上市公司盈余管理的手段

财政补贴是政府补贴中最直接的形式，它能立竿见影地改善上市公司的财务状况。由于财政补贴的效果最显著，并且政府对财政补贴有支配权，财政补贴这种方式成了政府参与上市公司盈余管理最常见的形式。

税法中规定：税收优惠主要用于促进科、教、文、卫事业的进步，促进农业、林业、牧业、渔业等行业的发展，扶持高新技术产业或者社会福利行业。我国税法中的税收优惠政策比较多，税收优惠的方式也多种多样。地方政府为了自身利益，常常给予当地上市公司以税收优惠，帮助上市公司降低税负，达到参与上市公司的盈余管理的目的。

三、政府参与上市公司盈余管理的弊端

1. 破坏资本市场的秩序

财政补贴可以直接增加上市公司财务报表中的净利润，能有效提升上市公司的经营业绩。所以，上市公司很容易利用政府补贴来粉饰报表、操控利润。首先，政府通过财政补贴或者税收优惠等方式参与上市公司盈余管理会美化企

业的财务指标，帮助其拥有在资本市场融资的资格，但这一现象会影响资本市场原本的资源配置的功能，在一定程度上破坏了资本市场的秩序；其次，这种盈余管理行为也会造成会计信息失真问题的产生，在这样的情况下，公众所获取的上市公司财务信息并不能完全真实反映该公司的盈利水平，会对公众的决策产生误导；最后，从长远角度看，长期的政府补贴会培养出企业的依赖性，使企业丧失本身的竞争力，一旦失去补助，企业可能就会面对严重的财务危机，这不利于上市公司的可持续发展。基于以上分析，这种盈余管理行为不利于市场经济健康发展。

2. 影响政府预算的执行

政府参与上市公司盈余管理可能会破坏财政支出的公平性，给政府预算造成困难，影响财政资金的整体效果，其主要表现在以下两个方面：一方面，财政预算的执行是一个规范严格的过程。财政预算的编制以一自然年为单位，一般由政府主管机构根据财政目标，运用科学的编制技术，制订出下一年的财政计划。同时，政府预算还需要通过立法机构的审查，才具有法律效应。而上市公司的经营状况由很多因素决定，市场环境、管理水平、同业竞争都可能影响上市公司的财务状况，这恰恰与政府预算的规范性相矛盾。地方政府想参与上市公司的盈余管理，这很可能与其预算违背，这时，政府就会采取措施来逃避有关机构的监督，这不利于政府预算的执行。另一方面，这种盈余管理行为也容易滋生腐败，财政补贴很可能会成为地方政府和上市公司勾结的原因，从而破坏社会的和谐性。

第六章

政企利益动机与补助决策

第一节　问题的提出

研究政府补贴问题，不能脱离具体的制度环境。我国自20世纪70年代末开始分权化改革，扩大地方政府的财政自主权以激励地方政府发展经济，试想如果地方政府缺乏财政自主权、经济管理权，缺乏晋升激励，地方政府将没有能力和动机去干预经济，企业也没有通过寻租以获取资源的意愿。本书以财政分权来刻画各级地方政府经济自主权和地方经济利益，地区财政分权度越高，地方政府经济自主权越大，其行为方式越有可能表现为政府官员本身的利益诉求和呈现自利人特点。当前地方经济的发展关系到当地财政和就业，影响地方官员的政绩考核，反过来又影响当地获得更多经济资源的能力，财政分权和地方经济发展以及地方官员升迁激励呈螺旋式推进关系。地方政府受到发展当地经济的激励，地方政府直接介入企业的投资、生产经营与管理行为自然成为理性选择，而政府补贴就是其中一种最直接的财政工具，这往往意味着地方政府财政支出权力越大，政府给予企业补助可能越多，匈牙利经济学家科尔纳的预算软约束理论可以解释政府扶持国有企业行为，与此相反，还有一些学者研究发现财政分权可能使政府预算约束硬化，从而能够有效杜绝补贴过滥问题，张维迎、栗树和（1998）和钱、罗兰（Roland，1998）等的研究证实了现实中确实存在政府预算硬化现象。1994年分税制改革后，中央重新配置了地方财政权力，财政支出任务随之逐级下放到各级地方政府，导致地方政府财政支出压力增大，一定程度上可能相对减少补财政助以缓解财政压力。因此，难以直接判断财政分权对政府补贴的影响程度。

目前对政府补贴的研究基本把财政收支状况界定为外在环境变量来看待，与政府补贴没有内在联系，但正如日本学者神野直彦认为，各地区不同的财政分权程度会对地区的财政收支平衡产生重大影响。我国改革开放后实施财政分权改革的主要原因是释放过去高度集权的僵化体制，调动地方发展经济的主观能动性，因此，政府补贴不可避免地会受到财政分权的影响，且影响程度的高低事实上可能反映了政府补贴的行为动机。基于上述分析，本章尝试从经验研究的角度出发，系统检验财政分权和政府补贴的内在关系，探讨政府补贴背后所体现的制度逻辑，如果财政分权影响到政府补贴决策，那么，可能据此推断政府补贴本身所承载的各级地方政府推动企业投资、追求经济增长的意图。

第二节　理论分析与研究假说

经济学家庇古在其著作《财富与福利》首次研究政府补贴问题，庇古认为外部性的存在导致市场失灵，资源配置不能自动实现最优，因此，政府必须干预经济以有效配置社会资源，实现社会福利最大化。

我国的政府补贴伴随着财政分权改革而开始使用，且随着经济的快速增长在规模上呈扩大趋势。财政分权改革创造了中国三十年高速稳定增长的经济奇迹（Lin 和 Liu，2000；Jin 和 Qian，2005；张晏和龚六堂，2005）。财政分权改变了过去的高度集权的体制，强调了中央放权给地方，强调了对地方政府发展经济的制度激励，从此，地方政府开始积极参与社会经济生活，主动追求经济增长速度，政府行为方式相应发生了重大变革，财政分权赋予地方政府财政收益权，允许地方政府一定的自主权，并相应承担责任，这样，各级地方政府事实上演变成经济主体，追求自身利益，并且责权利相对独立，形成了强烈的地方财政竞争激励格局。在中国，中央政府通过设立以经济增长为核心的政绩考核机制，激励地方政府贯彻中央的推动经济增长的政策意图（周黎安，2004）。而钱颖一等提出的"中国特色的财政联邦主义"假说认为，以行政分权与财政包干为特色的中国式分权改革使地方政府拥有了经济决策自主权和与财政收入分享权，在此双重激励下，地方政府推动地方经济增长的动机强烈

（Qian and Roland，1998）。此外，有学者认为中国分权具有鲜明的特色，即政治上的高度集权和地方的经济自主权同时并存，中国的财政分权制度使地方官员的职务晋升与其所主政地区经济发展水平密切相关，形成了中国特色的"晋升锦标赛"模式，地方政府官员为了追求晋升而展开竞争，并且竞争焦点主要是地区经济增长，只有经济增长才能有效帮助其在竞争中胜出（周黎安，2004、2007）。

通过上述分析，我们发现，受到职务晋升的强烈激励，地方政府希望整合各种经济和政治资源，为提高本地区的经济发展水平而服务。在此情形下，政府可以为企业提供包括多种扶持政策，补贴就是一种政府对企业的支持方式（陈晓和李静，2001）。上市公司很大程度是地方政府的名片，代表了地区经济形象，地方政府政绩考核一定程度上与所在地区上市公司有很大的关联，这些都可能决定政府官员的职务晋升，因此，地方政府纷纷给辖区内上市公司提供补贴，帮助改善业绩表现，对于直接控制国有公司这一动机补助可能更加强烈。

另外，在1994年分税制改革之后，中央政府税收分成比例提高，财政收入集中程度和财政支出分权程度同步升高，地方政府收支自主权进一步增大，但是，中央财政支出比例却逐年下降，到2010年该比例下降到17.8%，这样，各级政府地方财政支出主要由各级地方财政自身来负担，地方政府承担和履行了相当部分的政府职能。一方面，地方财政收支权力大幅度提高；另一方面，地方政府支出也以更大规模大幅增加，由此形成地方政府的财政收支缺口逐年增加和扩大。如何弥补日益增加的财政收支缺口，如何增加财政收入成为地方政府的重要政策导向，在此情况下，相对减少对企业的补贴成为地方政府的合理选择。国内外很多研学者认为，现行的财政分权使得地方政府预算面临硬约束，在解决财政收支不平衡的压力下，地方政府就必须合理规划地方财政收支。钱和罗兰（1998）研究了预算约束问题，他们建立一个中央政府、地方政府和地方企业参与的三方博弈模型来研究这一问题，认为地方政府间开展税收竞争，其外部性溢出将加大政府补贴的机会成本，从而减弱政府补贴的激励效应；同时，财政分权改变了政府支出规模和结构，地方政府间展开经济竞争，基础设施投资的边际区域价值比边际社会价值高，为吸引外地资本到本地投资，各级地方政府都热衷投资基础设施建设，在财政支出规模和预算既定的情况下，地方政府将减少对所属国有企业的补贴。从经验现象上看，地方政府自2002年以来对于土地开发、基础设施投资和扩大地方建设规模的热情空前高涨，就是直接的证据（周飞舟，2010）。

在市场化改革中，我国地方政府已演变成具有自身利益结构和效用偏好的行为主体，财政分权使地方政府的逐利动机更强烈。分税制改革后，财政收入份额中企业的贡献相对减少，地方政府的重心开始改变，由经营企业转变到经营城市，21世纪以来，城市化浪潮此起彼伏，一浪高过一浪，在推动城市化过程中，各级地方政府找到了一条推动地方经济和财政收入双双增长的新发展模式。因此，地方政府扶持企业发展的热情显著下降。

正如财政分权对经济的影响程度历来就存在诸多争论一样，本书以上分析表明，财政分权对于政府补贴究竟产生何种影响程度也难以定论，据此，本书提出以下竞争性假设：

假设1a：财政分权度越高地区，政府可支配财政支出权力更大，出于经济发展动机和晋升激励，其对辖区内上市公司补助的动机可能越强烈，补助力度可能越大。

假设1b：财政分权度越高的地区，地方政府财政支出压力越大，补贴企业动机有所减弱，政府对上市公司的补助力度越小。

如前所述，随着财政分权程度的日益深化，地方政府财政收支自主权大幅增加，当地方政府面临较大的财政支出压力时，为改善财政收支，需要提高财政收入，可以依赖非国有企业来增加预算外收入，政府通过多种方式从非国有企业取得利益，其后果是严重干扰了公平竞争的市场经济秩序，也降低了经济资源的配置效率，损害了地区经济效率和经济增长（王文剑和覃成林，2008）。另外，地方政府为了能够提高财政收入以提供交通医疗教育等公共产品，为了实现经济增长目标，会将能够增加政府收入的各种社会性负担转嫁到非国有企业身上，从而增加其负担和成本。从产权角度看，非国有企业的私有产权与政府不存在任何关系，使其在诸多方面受到不公正待遇，处于劣势地位。如果不考虑其他因素，政府对非国有上市公司的扶持动机可能较弱。更为重要的是，地方政府对国有企业和非国有企业的干预程度和方式也有所不同。从成本效益角度看，政府对国有企业的干预成本要低于政府对私有企业的干预成本。据此推断，政府对国有企业干预的可能性更大，因此，本书提出假设2。

假设2：在其他条件不变的情况下，相对于民营企业，政府对所辖国有企业干预较多，财政分权度越高，国有企业政府补贴力度越强。

如前文所述，政府补贴是政府干预经济的一种方式，寻租理论认为，政府经济干预必然会生多种形式的租金，并刺激寻租行为。企业家为获取经济资源，就会想办法与政府建立关系；吴文锋（2009）研究发现，如果民营企业的高管曾经在政府有关部门有任职经历并合理利用其积累的社会资源，在与政府有关部门的协调沟通时将更加便利和高效，为企业争取政府补贴等资源时更具优势；因此，相对于那些与政府没有联系的民营企业来说，有政府有联系的民营企业更具有得天独厚的优势，从而获得政府补贴的概率更高。安同良等（2009）通过建立的政府和企业博弈模型证明，企业进行寻租活动时，则政府通常会满足企业的要求[59]。在当前，我国处于经济转型中，各级政府是各种重要资源的拥有者和配置者，财政分权改革扩大了地方政府的财政自主权，政府部门可以利用掌握的权利，通过设置审批制度和较多的审批环节来获得更多的管制权力和寻租机会。余明桂等（2010年）研究认为，为了解决失业问题、维持社会稳定，从而获得更多政绩表现和上级部门的青睐，政府官员也有很强烈动机向企业寻求经济租金的机会；对企业而言，由于政府部门在财政支出方面掌握决定权力，企业如果能够与政府建立联系，通过影响决策制定过程来获得租金，则能各取所需；他们还发现，在经济转轨时期，一些法律规则尚不健全，寻租行为盛行，如何限制和约束地方政府的财政支出行为，目前尚无明确的法律规范，这为滋生寻租行为提供了土壤。因此，在市场机制越不健全、法治环境越差的地区，那些政治关系良好的企业获得政府补贴的概率越高。由此，本书提出假设3：

假设3：上市公司管理层为获取政府补贴，倾向于通过与政府部门建立联系等方法来实施寻租行为，其寻租努力越大，获取政府补贴的强度越高。

本书通过构造多元统计模型，对以上假设进行检验，并对结果进行理论分析和现象解释。

第三节　研究设计

一、样本选择和数据来源

本书将政府补贴定义为上市公司年报营业外收入附注中披露的政府补贴等

项目。因为 2007 年开始，我国上市公司开始推行与国际趋同的新会计准则，这种会计制度的重大变化对有关财务指标之间的可比性会产生较大影响，因此，本书选择新准则实施后的 2007～2012 年的 A 股上市公司为研究对象，并做以下剔除：（1）剔除金融类上市公司；（2）剔除最终控制人不详、产权性质尚难以界定的上市公司；（3）剔除个别财务数据处于极端值的样本公司；（4）剔除本书研究所需要相关数据缺失的上市公司，最后得到实际研究样本。本书所使用的数据包括企业特征数据、企业政治关系的数据和有关制度环境数据。政府补贴数据来国泰安数据库的财务报表附注，根据报告附注中披露的营业外收入的明细项目经手工整理得出，上市公司财务数据来源于国泰安 CS-MAR 上市公司财务报表数据库，企业与政府关系数据主要根据国泰安 CSMAR 公司治理数据库中高管任职经历予以收集整理而得，制度环境数据根据樊纲等（2009）编制的中国各地区市场化指数体系来选择相应的指标。上市公司所在省区财政收入支出、经济增长数据根据历年的统计年鉴手工整理收集。

二、检验模型和主要变量

为研究财政分权与政府补贴之间的关系，检验本书的假设推断，本书借鉴以往的研究构建以下模型进行分析：

$$SUB_t = \alpha_0 + \alpha_1 FD_t + \alpha_2 AC_t + \alpha_3 PC_{t-1} + \lambda_i \sum CONTROL + \xi \quad (6.1)$$

其中，被解释变量 SUB 为公司当年获得的政府补贴，为营业外收入中政府补贴项目，用总资产标准化。为了避免异常值的影响，对有关连续变量进行了 winsorize 处理。

构建的模型中，政府补贴 SUB 是被解释变量，财政分权指标 FD_t 是本书核心的解释变量，为了尽量避免可能的内生性问题，财政分权变量采用滞后一期的形式。梳理有关文献，财政分权度的衡量指标是各不相同的，主要取决于研究目的，但是，研究者普遍从财政收入或者财政支出的角度来刻画财政分权水平。但实际上，税收征管制度的制定权由中央政府掌握，财政收入划分依赖中央政府，而且中央也对地方预算外收入范围进行适度管制，这样，地方财政收入权的管制影响了用财政收入衡量分权水平的可信性和有效性，因此这种收入权不能真正反映不同层级政府可用的财政资源（乔宝云，2006）。乔宝云（2006）认为分税制改革后，中央政府掌握财政收入的分配权，但地方政府财政支出权力依然下放，地方政府的财政支出规模和结构都由各级地方政府自主安排，中央基本不加干涉，因此，主张财政支出水平更能衡量地方政府的实际分权。张晏（2005）和乔宝云等（2005）均使用了财政支出之比作为刻画财政分权水平的替代变量，本书亦采用支出分权来度量财政分权的自主程度。其 FD1 具体含义是：各地区人均预算内财政支出与中央人均预算内财政支出之比（Zhang and Zhou，1998）。此外，研究结论更加可靠，本书还以地方政府财政支出占地方经济增长比例（FD2），人均财政支出（FD3）等来衡量财政分权水平。

管理费用率 AC 作为企业寻租的替代变量之一，一些学者研究认为，寻租的度量并不容易，考虑到寻租成本本质上是一种交易成本，它很可能隐藏于企业非生产性支出之中，一些因寻租而发生的交际费用、招待费用等寻租成本经常隐含在管理费用中，而管理费用目前并不需要详细披露，所以本书采用超额管理费用率来刻画企业寻租行为，蔡（Cai，2009）等的研究发现，如果详细阅读中国上市公司会计账簿，可以发现公司管理费用中用于娱乐、招待和交通方面的费用支出比重较高，占销售收入比的 3%，这些支出可能与达到享受政府补贴等目的有关。

PC 表示企业是衡量与政府关系的变量。根据樊（Fan，2007）的定义，如果公司的高管现在或曾经担任地方政府官员，包括在人大、政协任职，则将 PC 定义为 1，否则为 0。由于企业当年与政府建立联系很可能不会立刻发挥效用，在时间上具有滞后性，因此将与政府的关系变量滞后一期。某种程度上，PC 也是企业寻租的替代变量。

在模型中，为简化模型表达，使用 CONTROL 来表示多个控制变量，根据已往的文献（陈冬华，2003；唐清泉和罗党论，2007；杜兴强，2010；等），本书选择的控制变量包括：企业规模（SIZE），具体定义为总资产的自然对数；企业成长性 GROWTH，具体定义为主营业务收入增长率；企业负债程度 LEV，具体定义为资产负债率；制度环境（INDEX）定义为政府干预指数，源自于樊纲等编著的《中国市场化指数报告》；上市年限 AGE 代表企业截止研究年度的上市时间；盈利能力 MARGIN 定义为企业的销售毛利率；行业属性 IN-DU，具体为，如果企业处于垄断性行业、国家重点支持行业或高度管制行业（包括石油、电信、电力、开采土木工程建筑业、农业、房地产业等）则定义为 1，否则为 0；股权结构 TOP，具体定义为年度末第一大股东持股比例；政府是否进行盈余管理动机（MOTIVE），具体定义为扣除政府补贴后的 ROE 位于（−1%，1%）之间取值为1，否则为0。*YEAR* 为年度虚拟变量，六个会计年度共计设置五个年度虚拟变量。

上述主要变量的描述性统计结果见表6−1。从财政分权变量 *FD*1 看，最小值为1.765，最大值为18.27，标准差3.488，说明财政分权程度区域差别较大。与政府关系变量 *PC* 均值0.404，说明企业建立和政府之间的关联现象比较普遍。另外，从政府补贴强度看，上市公司收到平均补助金额为2000多万元，如果进一步按照国有和民营企业性质划分，国有企业收到政府补贴的总额和平均额均显著高于民营企业，显然，国有企业在获取政府补贴方面具有天然的优势。

表6−1　　　　　　　　　　　主要变量的描述性统计

变量	样本量	最小值	最大值	均值	标准差
*FD*1	5319	1.765	18.270	5.240	3.488
*FD*2	5319	0.055	0.170	0.090	0.031
*FD*3	5319	0.072	1.510	0.510	0.361
PC	5319	0.000	1.000	0.400	0.490
AC	5319	−0.006	17.343	0.050	0.259
SUB	5319	0.000	5.551	0.006	0.077

第四节　实证结果分析

一、回归结果

为检验本书的推断，本书对所设假设进行了多元分析。对样本的所有回归的 *F* 检验 *P* 值均为0.0000，说明模型整体上显著。

表6−2报告了模型回归结果。从表6−2中可以看到，不论是以 *FD*1、*FD*2 还是 *FD*3 来衡量财政分权程度，其回归系数显著为负数，且显著性水平均为1%，表明财政分权程度越高的地区，政府对辖区上市公司的补助力度越弱，而财政分权越不充分的地区，政府对上市公司的补助力度越大，这一结果支持了假设1b，证实了财政分权对于政府补贴存在显著影响的猜想。

表6-2

模型的回归结果

变量/参数	全样本			国有企业样本			非国有企业样本		
	(1)	(2)	(3)	(1)	(2)	(3)	(1)	(2)	(3)
LEV	0.000** (0.013)	0.000** (0.012)	0.000*** (0.003)	0.000*** (0..004)	0.000*** (0.003)	0.000*** (0.003)	0.000*** (0.000)	0.000*** (0.000)	0.000 (0.000)
AGE	0.000 (0.530)	0.000 (0.290)	0.000 (0.653)	0.000 (0.638)	0.000 (0.708)	0.000 (0.653)	0.000 (0.272)	0.000 (0.165)	0.000 (0.251)
TOP	0.002 (0.380)	0.003 (0.325)	-0.001 (0.324)	-0.001 (0.333)	-0.001 (0.322)	-0.001 (0.324)	0.002 (0.296)	-0.001 (0.339)	0.002 (0.307)
MOTIVE	0.003*** (0.061)	0.003*** (0.087)	0.001 (0.248)	0.001 (0.255)	0.001 (0.247)	0.001 (0.796)	0.002 (0.228)	0.001 (0.217)	0.001 (0.241)
INDEX	0.000 (0.308)	0.000 (0.304)	0.000 (0.796)	-0.014 (0.968)	0.000 (0.910)	0.001 (0.732)	0.000 (0.827)	0.000 (0.191)	0.000 (0.862)
INDU	0.001 (0.334)	0.001 (0.415)	0.000 (0.732)	0.000 (0.686)	0.000 (0.737)	0.000	0.000 (0.813)	0.000 (0.831)	0.000 (0.509)
LOCAL				0.001* (0.100)	0.001 (0.129)	0.001 (0.110)			
YEAR	控制	控制	控制	控制	控制	控制	控制	控制	控制
R²	0.865	0.864	0.864	0.051	0.052	0.059	0.052	0.051	0.051
P	0.000	0.000	0.000	0.000	0.000	0.000	0.000	0.000	0.000

注：***、**和*分别代表1%、5%和10%的显著性水平。

政府关系 *PC* 系数为正，统计显著性水平上 1% 水平，说明与政府建立关系能够使企业获得额外收益。研究结果支持"与政府建立关系有助于企业获得政府补贴"的研究结论，因此很多民营企业热衷与政府建立关系，从而为企业发展争取更多的资源。超额管理费用率 *AC* 的回归系数在 1% 水平上显著为正，表明企业为了获得政府资源而实施的寻租活动显著地发挥了功效，能够有效帮助企业获取更多的政府补贴，从而支持了假设 3。按照寻租理论，企业热衷于与政策制定者搞好关系，有利于企业获得经济租金（Krueger，1974；Shleifer and Vishny，1994；Hellman et al.，2003）。综合来看，在政府主导的市场环境中，与政府部门建立良好关系能够给企业带来额外的收益，而且企业寻租能给政府带来利益，这种行为显著影响政府补贴的决策。如前文所述，政府补贴的支出使用并没有严格的约束限制，尤其是制度环境不够市场化的地区，其决策和使用缺乏透明度，自然催生了权力寻租的行为。

从控制变量看，*SUB* 与 *INDEX* 系数为负但并不显著，说明政府干预程度对于政府补贴虽然有影响，但关系不显著。*SUB* 与 *LEV* 显著负相关，表明高负债的公司获得补助反而越少，与法乔等（2006）的研究结论并不一致。*SUB* 与 *SIZE* 显著正相关，规模大的公司更容易获得较多补助，说明政府有强烈动机对当地大中型上市公司进行补贴，帮助公司做大做强；其他控制变量均不显著。其中，反映政府帮助企业进行盈余管理以实现保壳等动机的变量 *MOTIVE* 并不显著，反映当前政府对企业补贴的保壳动机已不再重要。

为了检验假设 2，本书进一步将样本分为国有和非国有两组样本进行分组回归，而在国有企业中，根据控制层级又分为央企和地方国企两类，两者在财权分配、承担的经济社会功能、与政府关系以及对经济增长的贡献程度都存在显著区别，因此，国有企业样本中还设置了是否属于地方政府控股的虚拟变量 *LOCAL* 来控制这一影响。

从表 6-2 回归结果看，不论是国有企业还是非国有企业，管理费用率 *AC* 与政府补贴 *SUB* 始终显著正相关，说明国有企业和民营企业都能通过寻租的方式来获取更多政府补贴，寻租能获得政府扶持的学说具有普适性。对于国有企业而言，财政分权程度 *FD* 与其获得的政府补贴 *SUB* 显著正相关，说明财政分权度高的地区，国企获得政府补贴比例越高，而国有企业是否为地方政府控股 *LOCAL* 变量的系数显著为正，表明地方政府倾向于对其控制的国有企业进行补助，地方政府更偏好扶持国有企业，体现了地方政府的经济增长的"竞争锦标赛"机制，而央企则没有体现这一特点，这提示我们，央企和地方政府控制国企与政府关系上存在微妙差异，可能需要进一步探讨此差异。而在非国有企业中，财政分权程度 FD 的系数则显著为负，与国有企业相比，非国有企业从政府获得的补助明显偏少。这种因产权性质不同引起政府补贴的显著差异，说明在我国现有体制之下，所有制歧视问题依然突出。地方政府具有自利者特性，往往通过所控制的资源实现其自身利益最大化，为了获得更多的政绩争取晋升机会，政府官员具有强烈动机谋求经济增长，地方政府官员千方百计地从中央争取更多的资源，为地方经济增长和改善地方福利创造更好的条件，从而在个人的晋升竞争中获得相对优势。同时，地方政府能更好地控制国有企业，可以更便利的通过对辖区国有企业财政支持实现自身利益，因此，政职务晋升的竞争机制激励地方政府采取各种手段干预地方企业生产经营活动，因此，我们不难理解地方政府对当地国有企业提供补助的强烈动机。

二、稳健性检验

本书的核心变量是财政分权度的测度，该指标的选择影响结论的可信度，财政分权如何刻画，采用什么替代变量历来争议不断，而且，采用不同的替代变量来刻画，得到的研究结论也可能不同甚至完全相反。Akai 和 Sakata（2002）研究认为，财政分权的衡量非常复杂，采用多指标作为替代变量并相互验证，可能结论会更可靠。前文采用若干财政支出指标度量财政分权度。为增进研究结论的稳健性，参考有关文献，本书又从财政收入角度来刻画财政分权，并以各地区人均财政收入占全国人均总财政收入的比例 $FD4$ 来替代前述变量重新检验，回归结果见表 6-3，全样本中 $FD4$ 的显著系数为 -0.02；从分样本检验结果看，国有上市公司样本中，$FD4$ 的系数为正，但不显著（P 值为 0.159），而非国有企业样本的 $FD4$ 的系数显著为负数，其他变量回归结果与前文一致，即主要结果未出现实质性变化，这些检验表明本书的研究结论是可靠的。

表 6 - 3　　　　　　　　　稳健性检验的回归结果

变量	全样本		国有企业样本		非国有企业样本	
	系数	P 值	系数	P 值	系数	P 值
Constant	-0.067***	0.000	0.025***	0.0000	-0.074***	0.000
FD4	-0.002***	0.005	0.0001***	0.0001	-0.002***	0.000
AC	0.283***	0.000	0.012***	0.000	0.320***	0.000
PC	0.002*	0.058	0.001**	0.035	0.002***	0.003
SIZE	0.003***	0.000	-0.000**	0.000	0.004***	0.000
GROWTH	0.000	0.770	0.000	0.818	0.000	0.825
MARGIN	0.000	0.627	0.000*	0.055	0.000***	0.000
LEV	0.000**	0.012	0.000***	0.003	0.000***	0.000
AGE	0.000	0.310	0.000	0.996	0.000*	0.076
TOP1	0.003	0.339	0.000	0.901	0.003	0.209
MOTIVE	0.003*	0.084	0.001	0.260	0.001	0.256
INDEX	0.000	0.863	0.000	0.421	0.000	0.400
INDU	0.001	0.401	0.000	0.748	0.000	0.842
YEAR	控制		控制		控制	控制
R^2	0.865		0.053		0.051	0.065
P	0.000		0.000		0.000	0.000

注：***、**和*分别代表1%、5%和10%的显著性水平。

第五节　本章小结

改革开放伊始的分权改革旨在激励地方政府经济发展的积极性，这一重大制度产生了地方与中央政府、地方与地方政府为争夺经济资源进而争取经济发展的经济增长竞赛。各级政府非常关心辖区企业的发展，并经常选择直接补助的方式来扶持企业。本章以我国资本市场 A 股上市公司为样本，探讨了财政分权对公司获得政府补贴的影响。研究发现，财政分权对于政府对企业补助影响显著，具体说财政分权度越高，地方政府给予国有企业的补助越多，与此相对应，地方政府给予民营企业的补助则偏少。这表明，政府补贴存在不公平现象，国有企业预算软约束问题依然普遍。这与政企分开原则相违背，政府对国有企业的过度扶持妨碍公平自由竞争。研究还表明，企业与政府建立的良好关系虽然能够有助于企业获得政府补贴，但更能起作用的是企业通过实实在在的寻租行动来影响政府补贴决策，从而获取更多的补助。

在政府支配大量资源的背景下，如何减少政府对国有企业的干预，建立新型政企关系，如何建立各类企业能够公平竞争的市场环境成为迫切需要解决的问题。只有更加严格监督地方政府的补贴行为，公开透明地披露相关的信息，才能对所有企业形成持久的保护，提高资源配置效率和财富分配的公正公平性。

第七章

政府补贴对公司内部控制
建设的影响研究

第一节　问题的提出

在中国经济转型升级之际，深化改革的核心是要正确处理政府与企业关系。目前，市场的大多数企业与各级政府存在千丝万缕的关系，政府干预动机深刻影响了企业行为。分权化的经济体制改革后，各级政府干预经济活动追求自身利益的激励日趋增长，逐渐成为地方经济发展的重要影响因素，而补贴作为政府干预的主要手段，是扶持企业最直接的政策工具。数据显示，中国上市公司收到政府补贴普遍存在，补贴名目也是多种多样。然而，补贴滋生的乱象使得其饱受争议。例如，余明桂等（2010）认为财政补贴没能提高企业绩效，并引起企业寻租行为，有损于社会福利。孔东明（2013）研究发现国企与亏损企业获得了更高补贴。也有学者的研究得出相反的观点，张洪辉（2015）研究则表明政府补贴并没有被滥用，也没有体现出偏好于国有上市公司的特点，相反，当国有上市公司和民营上市公司同时获得补贴时，国有上市公司的补贴金额更小，从而应重新认识政府补贴的合理性问题。

目前政府补贴合理性问题的研究偏少，且结论也不尽相同。现阶段政府补贴大量存在，补贴金额呈上升趋势，需要选择合适的视角进一步认识和研究政府补贴存在的意义，而政府主导推动的内部控制建设和执行提供了良好契机，便于考察政府对企业行为的干预效应，一定程度上为如何认识和如何改进补贴政策提供证据。

以安然、世通等公司财务舞弊为起点，2002 年美国颁布《萨班斯—奥克斯利法案》（SOX），全球刮起了一股政府监管内部控制的旋风。纵观此波内部控制发展进程，政府主导色彩浓郁，本因由企业设计和执行的旨在保证财务报告可信的内部控制制度，其助推力来自政府，意味着本用于公司自我防范风险所构建的内部控制进入了政府管制的范畴（逯东等，2013），这说明，企业借以自我防范风险、提高经营效率、提升企业价值等所构建的内部控制一开始就呈现政府推动的特色，从而烙下了政府干预企业的印记。

梳理近期一些文献，已经有研究开始注意到政府干预对企业内部控制的影响，如赵慧芳等（2015）研究发现政府干预对内部控制战略、合规以及资产安全目标的实现具有显著的促进作用，政府干预整体上对地方国有企业内部控制有效性具有削弱作用。还有研究发现政府干预与企业内部控制有效性具有显著的负相关关系（赵渊贤、吴伟荣，2014）。然而，这些研究均忽视了公司管理层为获取更多政府补贴而可能的迎合行为。政府补贴对于企业来说毕竟是一笔可观的收入，而补贴资金毕竟稀缺，上市公司之间为获得更多政府补贴需要展开竞争，管理层为了公司及其个人的利益，可能会通过配合政府制定的标准以获取更多的政府补贴（王红建、李青原，2014）。而且对政府干预程度多是采用各地区政府干预指数等指标来衡量，或者是各地区制度环境等替代指标，强调的多是各地区整体的外部环境因素，而缺乏对具体企业干预的刻画，而政府补贴这只"直接的手"某种程度上其实体现了政府对具体企业的干预程度。出于某些动机，当政府认为需要干预微观经济主体追求经济利益的活动时，政府才会给予企业补贴，因此，政府补贴其实直接体现政府一定的政策意图。比如，许罡等（2014）研究证实，补贴一定程度上是政府引导企业投资方向的政策手段。

金融危机后，中国政府推出一系列推动企业建立健全内部控制规范的重大举措，显示了政府部门和监管层高度重视企业内部控制制度建设，并将其上升为维护资本市场信息环境和保护投资者利益的战略性举措。这自然提出了一个问题：政府推动企业内部控制制度建设，那么政府是否利用有关政策工具引导企业执行内部控制，激励企业提高内部控制执行，企业是否配合政府加强内部控制的导向从而争取更多政府资源？政府补贴是否体现了对于执行内部控制较好的公司的激励问题，现有文献并未给出系统性的答案。

本章研究立足于经济社会转型期中国的现实情境，以中国上市公司为对象研究政府补贴与公司内部控制的内在关联，基于政府主导推动的内部控制发展模式，考察政府补贴上市公司是否关注了其内部控制执行情况，并进一步研究公司产权性质、与政府部门的关系等对于上述关系的影响，本书研究发现，政府通过补贴的方式激励上市公司提高执行内部控制基本规范，上市公司作为理性个体，为争取政府补贴而采取主动迎合策略，内部控制执行的好坏成为向政府释放的信号，内部控制质量越高的公司从政府获得的补贴也越多，但上述关系主要存在于没有建立良好政企关系的民营企业，而政企关系本身有助于获得补贴资源，因此，对于政企关系较好的企业，通过提高内部控制质量以获取补贴资源的激励弱于没有良好政企关系的企业。

第二节　文献回顾与研究假说

政府补贴动机具有多重性，很多研究已经证实了政府出于促进就业，帮助企业扭亏、保牌、配股等目的提供补贴。宏观政策层面上，政府补贴占财政支出比不小，政府面对如何将稀缺资源的分配问题。为此政府通常设置各种规则与标准，掌控资源的分配。对于上市公司而言，政府补贴可以为公司管理层提供更多私人收益，管理层为了公司及其个人的利益，可能会通过迎合政府需求获取更多的政府补贴。余明桂等（2010）研究发现民营公司通过与地方政府建立联系来得到更多的补贴。黎文靖等（2012）认为，中国转轨经济下的财政分权体制和职务晋升"锦标赛"激励地方政府官员将政策资源向有利于自身政绩的方向倾斜。张志平和方红星（2013）指出，民营企业在获取政府资源渠道后，更有可能加强内部控制建设来提升公司的风险应对能力和管理水平，以求得更稳健的政府补贴。李白冰（2006）研究政府补助、税收机制与公司行为之间的关系，并提出了政府可以在一定范围内通过调整税率和补贴政策来引导公司行为的政策主张。步丹璐、郁智（2012）认为政府补助主要目的是对资源进行再分配以实现预期结果。赵璨、王竹泉、杨德明等（2015）研究认为企业为了获得政府补贴会按照地方政府的利益取向采取一些配合政府的行为。

现有研究表明，内部治理是企业内部控制的顶层设计（程新生，2004；李维安和戴文涛，2013），内部治理能够维护各方利益，确保企业内部控制的运行及其目标的达成。然而，政府规制等外部环境因素对企业内部控制有效性的影响也不容忽视。理论和实践证明，内部控制和外部环境均为促进企业良性成长的重要制度安排，两者之间存在互补性，内部控制的有效性必将受到外部控制的影响。

在政府主导政策的制定并掌握资源配置的制度环境下，政府处于政企博弈的强势地位，政府可以通过提供稀缺的补贴资源，引导企业实施政府期望的行为，而企业则积极向政府发出配合信号为自身争取利益。因此，企业具有强烈动机寻求与政府建立良好的互动关系，如更积极地响应政府政策号召以加强制度建设、承担政府目标等。当面对政府管制和推动企业内部控制制度时，企业会依据其情景做出主动选择，对内部控制的执行很可能是在满足政府需要和提升自我管控能力的真实需求之间择机实施（逯东、王运陈，2013）。企业如果得到政府补贴，可以弥补企业内部控制建设的执行成本，因而企业有动力执行政府推动的内部控制制度。

在目前中国经济增速放缓的新常态背景下，一些民营企业由于缺乏应对宏观经济波动的风险控制机制，出现经营困难甚至资金链断裂现象，这些惨痛教训促使民营企业加强内部控制建设以防范和化解各种风险。

对于国有企业来说，内部控制失效问题也同样较为突出。2014年《中国企业家犯罪研究报告》显示国企贪腐案件创新高，企业内部控制机制不健全、一把手权力过大等是直接原因。从当下重典治吏的政治生态环境看，一些重大腐败案件将追究主管领导责任，责任追究制度的强化增加了政府官员风险意识，如果国有企业在经营管理过程中因重大违法违规而受到监管层的披露和上级部门责罚，对官员的政绩和长期利益具有较大的不利影响。此外，从受到的外部监督和违法违规处罚力度上看，相对于非国有性质企业，国有企业往往受到监管部门和社会公众的关注更多，而且，相比于中央政府控制的公司，非中央政府控制公司因违法违规受到法律诉讼和处罚的可能性也更大（单华军，2010）。出于自身声誉和利益的考虑，地方政府有动力关注辖区内企业内部控制执行情况。在政府补贴备受争议的情势下，政府选择补贴给内部控制质量较高的公司，可以有效防范化解这些风险，降低企业因违规而被处罚的概率，有利于降低地方政府的风险，而且可以减少政府补贴的争议和质疑。

从内部控制执行效果看，有效的内部控制将对公司产生积极的影响，国内外很多研究表明，内部控制有利于降低经营风险，提高盈利质量。王光远

（2009）认为，内部控制是保护资产安全、防范舞弊的第一道防线。我们有理由相信政府推进内部控制的压力与企业内生的强化内部控制意愿二者可以有效契合，共同保障经济健康发展。

基于以上分析，本章提出假设1。

假设1：上市公司倾向于通过执行内部控制释放配合信号，内部控制质量高的公司更易于获取政府补贴。

各级政府部门掌握着大量公共资源及其处置权，在资源分配上享有较大的话语权。特别是对于民营企业而言，与政府建立关系对其经营决策和发展尤为重要，是民营企业化解风险的优先选择，并深刻影响着企业内部控制的执行。企业与政府的关系是一项弥足珍贵的资源，拥有政府背景的高管往往对政府部门的工作较为熟悉，具有一定的信息优势，能较为敏锐地感知政策动态，从而实现与政府官员更有效地沟通（陈维、吴世龙，2015）。辛和皮尔斯（Xin and Pearce，1996）研究发现，民营企业比国有企业相比更加重视与政府的关系，在与政府的关系建设上投入更多的资源，以期得到从法律和正式制度中得不到的支持和保护。余明桂等（2010）对民营企业的研究发现与政府部门有联系的民营企业确实能够获得更多的财政补贴。陈冬华（2003）和郭剑花、杜兴强（2011）通过对与政府部门的联系、预算软约束和政府补贴的配置效率的考察，也得出了同样的结论。

很多研究证实，与政府部门有关系的民营企业能够比没有关系的民营企业获得更多的政府补贴。企业建立健全内部控制也需要投入成本和精力，通过与政府部门建立联系，企业可以更容易、更主动地与政府监管部门就有关内部控制建设执行方面的关键问题进行便捷的沟通，以争取获得政府的扶持和关心指导的机会，也就更有可能达到较好的效果。因此，这类企业不仅会对外寻求政府帮助，更会对内加强能力建设，以便获得竞争优势。张志平等（2013）通过对民营企业的研究发现，与政府建立关系对民营企业自愿披露企业内部控制鉴证报告起到了积极作用。

政策风险可以通过与政府建立关系来规避，即民营企业聘请政府官员到公司任职或公司高管到政府部门任职。当政府推动上市公司的内部控制时，与政府部门建立联系有的民营企业会出于政府部门的要求和企业自身风险管控的需要，更加有效地执行内部控制，确保更好地实现内部控制目标，此举既能够维护好企业良好形象，又有利于与政府的良好关系，从而一定程度上替代了内部控制执行本身对于获得政府补贴的信号显示效应。

基于以上分析，本章提出假设 2。

假设 2：对于与政府建立关系的民营企业，内部控制质量较高的信号对获得政府补贴的促进作用减弱。

第三节　研究设计

一、样本选择和数据来源

鉴于管理层要求上市公司 2013 年开始逐步披露内部控制鉴证报告，本书选择的样本是 2007~2013 年间所有的非金融类 A 股沪深两市上市公司。剔除了 ST 或 PT 这类非正常的上市公司、金融类上市公司、存在严重数据缺失样本，最终保留样本为 10418 个。本章上市公司数据主要来自 CSM AR 数据库，上市公司涉及行业数据来自 RESSER 数据库，政府干预指数来自樊纲等（2011）编制的《中国市场化指数：各地区市场化相对进程 2011 年报告》。各省区财政收支数据来自中经网。为避免离群值的影响，本章对所有连续变量在 1% 水平上进行减尾（winsorize）处理。

二、模型设定和主要变量设计

1. 检验模型

根据信号传递理论，高质量的公司更有动机自愿向外界传递信号，内部控制鉴证本身也有利于促进公司提高内部控制质量。但是公司是否披露内部控制鉴证报告可能存在自选择问题，内部控制质量高的公司影很可能自愿选择披露内部控制审计报告，而没有自愿披露的公司其内部控制质量无法直接观察。为了控制自选择偏误，本书参考了 Maddala（1983）的研究思路，采用处理效应模型来校正可能的自选择偏误。在选择方程中，本书利用内部控制质量模型进行回归，并将计算得到的 lambda 比率作为结果方程的控制变量，研究内部控制质量对上市公司政府补贴的影响。

为检验本章假设：内部控制质量高的公司更易于获得政府补贴，本章构建以下模型：

$$SUB = \alpha_0 + \alpha_1 IC\_audit + \alpha_2 PC + \alpha i \sum CONTROL + \varepsilon \qquad (7.1)$$

考虑样本可能的自选择问题，本书基于处理效应，采用方红星等（2011）做法，引入一个选择模型（7.2），表示不同公司自愿披露内部控制审计报告的概率，选择模型得出自选择系数，再将自选择系数代入第二阶段政府补贴和内部控制关系模型（7.1）。

$$IC\_audit = \beta_0 + \beta_1 ROA + \beta_2 LEV + \beta_3 SIZE + \beta_4 GROWTH$$
$$+ \beta_i \sum CONTROL + \eta \qquad (7.2)$$

2. 变量设计

内部控制质量度量一直是个难题。根据信号理论，对内部控制重视的公司会自愿增加内部控制审计鉴证作为一种强有力的信号向市场传递管理层高效执行内部控制的信心（林斌，饶静，2009）。内部控制信息的披露可以激励管理层改善其内部控制质量，在外部审计的强化下，内部控制鉴证报告的披露会让管理层更加重视内部控制质量的提高，上市公司自愿披露内部控制鉴证报告可以视为一种向外界传递高质量内部控制信号的主要手段。2012 年交易所已开始要求入选治理板块的公司开始披露内部控制自我评价报告，借鉴方红星（2011，2012）、邓德强、温素彬（2013）等研究，本书以自愿披露内部控制鉴证报告作为公司具有高质量内部控制的标志。另外，稳健性检验中本章还采用迪博内部控制指数来替代。

IC_audit 定义为当公司自愿披露内部控制鉴证报告时取值 1，否则为 0。

本书采用上市公司是否收到政府补贴（SUB_dum）和对政府补贴金额取对数（$LNSUB$）来刻画内部控制质量高的公司是否更易于获得政府补贴。

与政府的关系（PC）：与政府的关系测量参照樊（2007）、潘越等（2009）、刘慧龙等（2010）以及余明桂等（2010）等的做法，根据每个高管的简历，判断是否与政府存在关系，如存在关系，PC 为 1，否则为 0。

根据夏立军等（2005）、王等（Wang et al.，2008）、张玲、杨兴全（2010）等研究，本书选取樊纲等（2011）的中国各地区市场化进程相对指数作为市场化程度（$INDEX$）替代变量。财政赤字比（$Deficit$），以各地区财政收支赤字比财政收入来衡量。

借鉴多伊尔等（Doyle et al.，2007）、刘启亮等（2012）的研究，还控制了财务特征变量：资产负债率（*LEV*），即年末总负债除以年末总资产；企业规模（*SIZE*），即年末总资产的自然对数；资产报酬率（*ROA*），即净利润除以年末和年初总资产的平均数；营业收入增长率（*GROWTH*），即本年相比上年营业收入的增加量除以上年营业收入总量；财务报告审计是否为国际四大会计师事务所（*BIG4*），是为 1，否为 0；最后，控制了年度（*YEAR*）和行业（*INDU*）因素。在自选择模型中加入其他控制变量，包括刻画公司治理特征的一些变量：CEO 是否两职合一（*Dual*），是为 1，否为 0；独立董事比率（*INDI*），即独立董事人数除以董事会总人数；第一大股东股权比例 *TOP*1。为尽可能降低同期所致的内生性，自变量滞后一期处理。

第四节　实证结果与分析

一、描述性统计和相关性分析

表 7 - 1 为各变量的描述性统计。从全样本来看，*SUB_dum* 较高，超过八成的上市公司收到政府补贴，政府补贴覆盖面较宽。从 *LC_audit* 看，上市公司自愿披露内部控制鉴证报告比例为 31%，从分年度看，呈不断上升趋势，说明上市公司逐步开始注重内部控制建设，内部控制质量逐渐提高。非国有上市公司的 *IC_audit* 均值高于国有企业，说明整体上非国有公司的内部控制质量略高。最后本章还计算了各主要变量的方差膨胀因子 *VIF* 值，绝大部分在 1.6 以内，均远远小于 10，表明模型不存在严重的多重共线性。

表 7 - 1　　　　　　　　　　主要变量描述性统计结果

变量	全样本			非国有			国有		
	最大值	最小值	均值	最大值	最小值	均值	最大值	最小值	均值
LNSUB	23.55	0.00	13.64	21.88	0.00	13.81	23.55	0.00	13.16
SUB_dum	1.00	0.00	0.87	1.00	0.00	0.88	1.00	0.00	0.82

续表

变量	全样本			非国有			国有		
	最大值	最小值	均值	最大值	最小值	均值	最大值	最小值	均值
IC_audit	1.00	0.00	0.31	1.00	0.00	0.33	1.00	0.00	0.27
ROA	0.24	−0.25	0.04	0.24	−0.25	0.04	0.24	−0.25	0.03
LEV	142.72	−0.19	0.56	142.72	−0.19	0.55	82.56	0.01	0.56
SIZE	30.66	10.84	21.78	30.66	10.84	21.61	30.45	14.11	22.23
List	25.00	0.00	9.68	25.00	0.00	9.32	25.00	0.00	10.66
TOP1	89.41	0.82	36.12	89.41	0.82	34.54	86.42	7.50	40.42
GROWTH	5.08	−0.81	0.21	5.08	−0.81	0.20	5.08	−0.81	0.23
INDEX	12.04	0.11	9.43	12.04	0.11	9.58	12.04	0.11	9.02
Deficit	0.44	−14.21	−0.56	0.44	−14.21	−0.56	0.44	−14.21	−0.57
BIG4	1.00	0.00	0.06	1.00	0.00	0.05	1.00	0.00	0.10
Dual	1.00	0.00	0.22	1.00	0.00	0.27	1.00	0.00	0.11
INDI	0.80	0.09	0.37	0.67	0.11	0.37	0.80	0.09	0.36

二、回归结果及分析

为检验本章的假设，首先在不考虑样本可能的自选择问题的前提下，直接采用 OLS 多元回归分析，表 7－2 报告了有关回归结果。回归（1）、（2）分别为全样本下各自被解释变量和解释变量的组合。回归结果显示，IC_dum 系数均显著为正，均在 1% 的水平上显著，说明对于内部控制质量高的公司，获得政府补贴的概率更高，获得政府补贴金额更多，支持了本章假设 1。表 7－2 的（3）、（4）、（5）、（6）分别显示了国有和非国有上市公司的分组回归结果，对于非国有企业 IC_dum 系数显著为正，而国有企业 IC_dum 系数显著性明显减弱，表明非国有企业中，内部控制质量高的公司更容易收到政府补贴和更多的补贴，而在国有企业中，这一关系则反而显著。主要原因可能是非国有企业加强内部控制建设来提升公司的风险应对能力和管理水平的意愿更强烈，在中国上市公司的内部控制建设主要由政府主管部门推动的情景下，非国有公司会对政府推动的内部控制建设表现出更大的热情，会更积极主动的配合，政府以补贴来激励其促进内部控制执行的可能性更高。而政府给国有企业提供补贴还有其他更多的考虑，如就业、弥补亏损、政策性扶持等（唐清泉等，2007），其内部控制执行情况获得政府补贴的信号显示减弱。PC 的系数在非国有企业中显著为正，这正是非国有企业积极与政府部门建立联系的原因所在，因为这有助于非国有公司获得政府扶持。另外，其他变量的回归结果基本符合预期，不再赘述。

表 7 - 2　　　　　　　　　　　模型（1）回归结果

变量	全样本 (1) LNSUB	全样本 (2) SUB_dum	国有 (3) LNSUB	国有 (4) SUB_dum	非国有 (5) LNSUB	非国有 (6) SUB_dum
IC_audit	0.7907 *** (0.000)	0.0419 *** (0.000)	0.8762 * (0.073)	0.0350 (0.259)	0.6698 *** (0.000)	0.0379 *** (0.001)
PC	0.3176 * (0.067)	0.0174 (0.115)	0.4839 (0.231)	0.0245 (0.339)	0.2805 * (0.067)	0.0157 * (0.087)
ROA	0.2403 (0.128)	0.0188 * (0.062)	-0.1702 (0.784)	-0.0223 (0.573)	-0.2816 (0.224)	-0.0239 (0.107)
LEV	-0.1906 *** (0.002)	-0.0187 *** (0.000)	0.0262 (0.925)	0.0033 (0.853)	-0.2403 *** (0.000)	-0.0239 *** (0.000)
SIZE	1.3128 *** (0.000)	0.0512 *** (0.000)	0.8193 *** (0.000)	0.0176 ** (0.029)	1.4834 *** (0.000)	0.0623 *** (0.000)
Grow	(0.004)	(0.002)	(0.193)	(0.170)	(0.035)	(0.017)
List	-0.1809 *** (0.000)	-0.0120 *** (0.000)	-0.0525 (0.109)	-0.0036 * (0.081)	-0.2198 *** (0.000)	-0.0144 *** (0.000)
TOP1	-0.0202 *** (0.000)	-0.0010 *** (0.001)	-0.0386 *** (0.000)	-0.0020 *** (0.001)	-0.0155 *** (0.003)	-0.0007 ** (0.027)
Deficit	-0.2434 *** (0.002)	-0.0164 *** (0.001)	-0.0805 (0.652)	-0.0015 (0.894)	-0.2847 *** (0.001)	-0.0206 *** (0.000)
INDEX	-0.0350 (0.428)	-0.0011 (0.691)	-0.1255 (0.191)	-0.0100 (0.100)	0.0023 (0.963)	0.0022 (0.490)
YEAR	控制	控制	控制	控制	控制	控制
INDU	控制	控制	控制	控制	控制	控制

续表

变量	全样本	全样本	国有	国有	非国有	非国有
	（1）	（2）	（3）	（4）	（5）	（6）
	LNSUB	*SUB_dum*	*LNSUB*	*SUB_dum*	*LNSUB*	*SUB_dum*
_cons	− 24. 3257 ***	− 0. 7370 ***	− 11. 1245 ***	0. 1442	− 29. 1110 ***	− 1. 0525 ***
	（0. 000）	（0. 000）	（0. 000）	（0. 475）	（0. 000）	（0. 000）
R^2	0. 2829	0. 2187	0. 2285	0. 1632	0. 3321	0. 2701
F	103. 9425	73. 7859	21. 4456	14. 1255	94. 5063	70. 3165
P	0. 0000	0. 0000	0. 0000	0. 0000	0. 0000	0. 0000

注：*** 、** 、* 分别表示在 1%、5% 和 10% 水平上显著，括号内为 P 值。因保留小数点原因，表中系数为 0 的可能实际不为 0。

为检验假设 2，本章对是否与政府部门建立联系的非国有企业分组进行回归，结果见表 7 - 3。结果表明没有建立联系的公司，模型（1）、（2）的 *IC_audit* 系数均显著，x 显著性水平均为 1%，而对于建立联系的公司，模型（3）、（4）的 *IC_audit* 系数为正，但显著性明显减弱。建立联系的非国有企业，高质量内部控制对获得政府补贴的正向关系明显减弱，建立联系本身有利于公司获得政府补贴，企业建立关系可以视为一种寻租行为，这意味着寻租弱化了内部控制质量的对获得政府补贴的信号显示。

表 7 - 3　　　　　　　非国有上市公司有无政治关联的分组检验

变量	无 *PC* 组	无 *PC* 组	*PC* 组	*PC* 组
	*reg*1	*reg*2	*reg*3	*reg*4
IC_audit	0. 6737 **	0. 6415 ***	0. 5480	0. 6958
	（0. 002）	（0. 000）	（0. 081）	（0. 051）
ROA	4. 1320 **	1. 1805	9. 1461 **	4. 6229
	（0. 002）	（0. 120）	（0. 003）	（0. 077）
LEV	− 0. 2284 **	− 0. 3571 **	− 0. 5155	− 0. 7396
	（0. 001）	（0. 001）	（0. 446）	（0. 311）
SIZE	1. 4436 ***	0. 4129 ***	1. 5306 ***	0. 6871 ***
	（0. 000）	（0. 000）	（0. 000）	（0. 000）

变量	无 PC 组	无 PC 组	PC 组	PC 组
	reg1	reg2	reg3	reg4
List	- 0. 2371 *** (0. 000)	- 0. 1611 *** (0. 000)	- 0. 1269 *** (0. 000)	- 0. 0954 *** (0. 000)
TOP1	- 0. 0207 *** (0. 001)	- 0. 0098 * (0. 015)	- 0. 0014 (0. 888)	0. 0021 (0. 843)
GROWTH	- 0. 3495 ** (0. 006)	- 0. 1361 * (0. 033)	- 0. 3191 (0. 228)	- 0. 2108 (0. 241)
INDEX	- 0. 0131 (0. 815)	0. 0179 (0. 590)	0. 0193 (0. 846)	0. 1025 (0. 208)
Deficit	- 0. 3301 ** (0. 001)	- 0. 2198 * (0. 012)	- 0. 2098 (0. 151)	- 0. 3360 (0. 192)
YEAR	控制	控制	控制	控制
INDU	控制	控制	控制	控制
_cons	- 27. 2119 *** (0. 000)	- 9. 4249 *** (0. 000)	- 33. 6982 *** (0. 000)	- 19. 3675 *** (0. 000)
N	3104	3104	909	909
R^2	0. 3372		0. 3329	
F	78. 4392		22. 1526	
P	0. 0000	0. 0000	0. 0000	0. 0000

注：*** 、 ** 、 * 分别表示在 1% 、5% 和 10% 水平上显著，括号内为 T 值。因保留小数点原因，表中为 0 的系数可能并不为 0。

最后，考虑样本可能存在的自选择问题，本章分两步来考虑自选择偏差校正的处理效应模型，结果如表 7 - 4 所示，Probit 回归结果显示自选择系数显著，说明公司选择是否自愿披露内部控制审计报告时存在自选择问题，由此可见使用二阶段处理效应模型控制自选择问题是合理的。在控制样本自选择而导致的内生性后，内部控制质量高的上市公司仍然有更多的机会收到政府补贴和更多的政府补贴，与 OLS 回归结果一致。上述结果说明，在控制了样本自选择偏误后，假设依然成立。

表 7 - 4　　　　　　　　　　　自选择模型回归结果

变量	(1) LNSUB1	(2) Ic_audtit	(3) hazard	(4) SUB_dum	(5) Ic_audtit	(6) hazard
IC_audtit	5.6314*** (0.000)			0.2867*** (0.000)		
ROA	2.8065* (0.037)	0.626* (0.336)		0.1576 (0.058)	0.626* (0.336)	
LEV		-0.324*** (0.0607)			-0.324*** (0.0607)	
$SIZE$	-0.2076*** (0.000)	0.252*** (0.0162)		-0.0182*** (0.000)	0.252*** (0.0162)	
$List$	0.7594*** (0.000)	-0.0170*** (0.00118)		0.0229*** (0.000)	-0.0170*** (0.00348)	
TOP_1		0.000982 0.00118			0.000982 0.00118	
$Grow$	-0.1765*** (0.003)	-0.158*** (0.0310)		-0.0119*** (0.000)	-0.158*** (0.0310)	
$INDEX$	0.0159** (0.003)			-0.0008* (0.08)		
$INDI$		1.1064** (0.001)			1.1064** (0.001)	
$BIG4$		-0.287*** (0.0829)			-0.287*** (0.0829)	
$Dual$		0.245*** (0.0459)			0.245*** (0.0459)	
$lambda$			-1.966*** (0.735)			-0.0936** (0.0453)
$Constant$	-2.150 (1.894)	-5.955*** (0.363)		0.426*** (0.117)	-5.955*** (0.363)	

注：***、**、*分别表示在1%、5%和10%水平上显著，括号内为P值。

三、稳健性测试

考虑到有20%多的企业未获政府补贴（$LNSUB$ 为 0），且变量下限为 0，故选用左截尾 Tobit 模型进行估计，假设 1 仍然成立。前文采用的是自愿披露内部控制鉴证报告作为内部控制质量刻画的替代指标，而一些研究中经常用迪博内部控制指数衡量内部控制执行的有效性，该指标涵盖企业战略执行结果、经营回报、信息披露真实完整性、经营合法合规性、资产安全等几方面，是内部控制执行结果的具体表现。因此，本章进一步选择该指数作为代理变量进行回归分析，重行执行对假设的检验，上市公司高质量的内部控制与其获得政府补助的正相关关系仍然显著（限于篇幅未报告）。基于以上敏感性分析，前文的研究结论是比较稳健的。

第五节　研究结论及启示

政府补贴作为政府干预工具，近年来饱受争论，本章立足于经济社会转型期中国的现实情境和政府主导企业内部控制建设前提下，利用中国上市公司数据实证检验政府补贴对各类企业内部控制执行有效性的影响。研究发现，在控制其他因素的情况下，内部控制质量高的公司，更容易获得政府补贴；对于非国有公司二者的正相关关系更显著；对于与政府建立联系的公司，正相关关系减弱甚至消失。这表明，企业积极配合政府意向，提高内部控制质量，有助于获得更多的政府补贴，政府补贴发挥了引导企业加强内部控制建设的作用。

本章研究结论清晰地表明，现有的政府补贴行为具有一定合理性，政府对微观企业行为的干预作用，在一定条件下可以引导公司内部控制制度的建立。但同时，民营企业与政府建立联系的寻租行为也在一定条件下破坏了企业内部控制执行的信号显示效应。因此，如何针对不同对象制定适宜的政策，如何实现政府补贴的趋利避害，需要严格的产权保护政策与法律法规、提供公平自由的竞争环境，需要减少民营企业的寻租动机，促进市场竞争机制的完善。

第八章

政府补贴对公司投资方向的影响研究

第一节 问题提出

本书第四章研究财政分权是否对政府给予上市公司各种补助有影响，研究发现在中国的制度环境下，财政分权的经济制度和公司的寻租行为对公司获得政府补贴具有显著影响，考虑到投资问题是公司的重大财务问题，决定着公司的未来发展，同时投资决策也一直是公司财务的重要研究领域，企业投资行为不仅受到企业自身能力的影响，而且受到市场条件和政治经济环境的制约，在一定的政治经济和市场环境中，企业行为必然受政府政策约束。改革开放后，我国经济保持了三十年的持续高速增长，政府起主导作用，我国的经济增长模式也呈现为典型的政府主导型经济增长模式。当前正处于市场经济转型的过渡时期，政府直接参与经济的意愿强烈，因此，企业投资是政府外部控制基础上的企业进行自主决策的结果，政府补贴对企业投资行为可能产生重大影响。

因此，本书主要研究政府补贴对公司资本投资行为的影响，从微观企业投资角度来考察政府补贴效应。本章主要研究政府补贴对上市公司资本投资方向选择的影响，第九章则研究政府补贴是否导致上市公司过度投资行为。

随着媒体披露政府提供给企业巨额补贴，以及国内外对政府补贴企业公平性的质疑，政府补贴问题越来越受到公众的关注，政府补贴也成为我国贸易摩擦的热点问题（孔东明，2013）。这就要求合理评估政府补贴的动机和效应，对这一问题的探讨，有助于政府补贴对企业投资影响的深入研究，有利于进一步考察政府补贴效果，为政府补贴的有效配置提供更多经验证据和借鉴。

四万亿元经济刺激政策的初衷是政府期望通过刺激投资来摆脱经济低迷和保持经济增长速度，上市公司收到的政府补贴显著增长的现象是否可以推测：政府补贴为企业提供额外资源，接受补助的企业会回馈政府需求——如减少对外投资而扩大规模投资，为地区经济增长和地方官员晋升提供政绩支持。以上推断，目前国内外尚无深入的研究，而这些问题直接关系到政府补贴效应的评价。

本书第四章研究表明分权改革和企业寻租对政府补贴影响巨大，国有上市企业得到的政府补贴力度显著高于非国有上市企业。那么，在中国的制度环境下，政府补贴是否显著影响微观企业行为？政府补贴是否影响企业的资本投向？

以往文献的研究角度都是基于委托代理、信息不对称以及自由现金流量等理论来阐释投资行为。众所周知，投资决策本是企业内部行为，当企业总是处于一定的政治经济市场环境中，政府决策会影响企业行为，而政府补贴作为外在因素对企业投资行为产生影响，则须借助政府补贴这一外生变量使企业投资效用函数发生改变，由此可见，政府补贴与企业投资行为之间可能存在一定联系，挖掘和剖析这种联系对本书总体研究成果的价值和政策含义的导向起着决定性作用。本书认为，地方政府具有自己的利益导向和行为动机，地方政府通过提供政府补贴，将所掌握的资源有目的地分配给目标企业，对企业投资活动进行干预，从而影响和改变企业预期，政府补贴与企业投资行为之间的中间变量是资本成本和政企关系。政府补贴的决策，首先，取决于政府行为逻辑，即政府决策的目标和动机；其次取决于政府与企业之间是否存在资源分配的关系渠道，即企业是否与政府部门建立联系；最后，还取决于政府所拥有的资源数量以及决策权大小，资源分配成为决定企业与政府建立联系的核心，政府分配资源的行为正是政企关系和资源分配权二者共同作用的结果。那么，地方政府在经济决策中的角色定位和政府资源分配权力又是如何分别对企业投资行为产生影响的呢？本书以政府补贴的投资激励为视角来探讨这一问题，考察政府决策对企业微观行为的影响。本章首先从地方政府角色扮演和行为逻辑的这两个方面提出研究假设，其次，通过有关理论分析，构建实证分析模型，最后利用前述上市公司的数据进行实证分析。

我国经济长期以来依赖投资驱动，虽然实现了经济总量快速增长，但是带来了重复投资、粗放式增长和效率低下等诸多困扰经济高质量增长的深层次问题，宏观经济结构也难以实现升级。本章研究结果显示，政府补贴对企业投资方向选择的影响机制和对固定资产投资的激励，叠加了上述重复性投资，不利于企业追加技术性投资，不利于实现宏观经济增长从量到质的转变。

第二节 文 献 回 顾

政府补贴的政策效果是个富有争议的话题。从公共经济学的角度，政府补贴可以解决市场失灵问题。一般而言，政府补贴能有效提高公共产品供给，促进企业投资，发挥调整产业结构、引导经济走势、维持社会和谐稳定以及保证就业率等社会效益。政府补贴另一个重要的意义在于补偿企业研发活动的外部性进而能激励企业的研发投入。国外学者对于政府补贴的效果进行了很多研究，结论也不尽相同。李（1996）考察了韩国政府实施的一系列减税、补贴和贷款等产业政策的效果，研究发现，对于处于增长期的行业而言，补贴等产业政策没有任何效果，而如果政府对贸易保护政策干预越频繁，则生产率越低。Diver（2008）研究发现，由于企业的寻租和信息的不对称，政府补贴将不会对市场产生任何效果，相反，政府补贴还会减少社会福利。Alums 和 Cants（2003）研究发现政府补贴使企业研发投资平均增加了4%。Grime 等（2009）研究发现产品补助会扩大企业出口。唐清泉、罗党论（2007）研究发现政府补贴更多的是发挥社会效应，政府或是补贴一些承担社会目标的企业，或是补贴一些处于配股线附近和需要保壳的企业，这些补贴并没有增强企业的经济效益。潘越等（2009）研究也发现政府给一些处于财务困境的企业提供补助，虽然补贴当年改善企业业绩作用显著，但是，政府补贴对企业提高长期业绩效果存在显著差异，民营企业获得政府补贴能显著提高企业长期业绩，但对于国有企业以及与政府关系良好的民营企业而言，政府补贴提高长期业绩效应则不明显。

张维迎（2001）研究发现，中国部分企业为了迎合政府，热衷扩大投资规模，结果却造成企业破产。陈林、朱卫平（2008）研究发现政府创新补贴能有效激励产出。安同良等（2009）研究发现，只有当研发补贴用来提高专用性人力资本时才能发挥产出激励效果。

上述的研究文献表明，国外学者研究政府补贴效应涉及对全要素生产率的效果，以及政府补贴对企业出口增长、研发投资等的影响。而国内研究主要是集中在补贴对企业研发投入的效应，研究政府补贴对企业投资微观层面所产生的影响的文献相对缺乏。

第三节　理论分析和研究假设

中国投资增长问题一直是决策层和学术界关注的热点问题，它包括政府公共投资的增长（宏观）和各类企业的投资增长（微观）。本书研究的是企业投资，投资决策作为企业重要的战略性决策，很大程度取决于其所处的制度环境，如企业与政府的关系、政府职能的转变、政府干预政策等，对企业投资决策可能会产生重大影响。钱（2003）研究表明，中国政府的利益取向和行为逻辑是中国经济增长的动力和理解中国发展模式的关键。要理解中国政府对企业投资的影响，就必须考察政府在经济发展中的角色定位及由此引发的对企业投资行为的引导。在现阶段的中国，地方政府的目标函数包含代理者、自利者、公共产品提供者三个方面的利益和诉求。地方政府的政策决策就是政府利益选择和博弈的过程。国有产权是地方政府拥有的最直接的实现自身诉求的载体，如何运用国有产权，实际上反映了政府的利益导向。

张军（2005）、周黎安（2007，2008）通过规范分析，定义了政府官员为经济发展而进行的职务晋升机制。经济增长的绩效考核机制产生了职务晋升博弈，地方官员为了获得职务晋升机会而致力于地区经济增长，最终形成了一种"政治锦标赛式"的经济增长竞争。此外，地方政府承担了分权之后巨额的教育、医疗卫生、社会保障、就业等财政支出，增加财政收入等经济指标对地方政府至关重要，经济指标甚至决定了地方政府官员政绩。

黎文靖等（2012）认为，中国转轨经济下的财政分权体制和"政治晋升锦标赛"激励地方政府官员将政策资源向有利于自身政绩的方向倾斜。财政收入增长和政绩考核两方面的激励催生了地方政府的经济扩张行为动机，财政分权将本属于中央政府管理的经济权限下放给各级地方政府，地方政府有条件、能力和资源来推动地区经济增长，财政分权激励地方政府发展经济的干劲，但也存在负面效应，地方利益得以膨胀，形成片面追求地区经济增长的经济扩张冲动，地方经济也许得以暂时增长，但总体上却可能不利于宏观经济长期运行。

研究表明，政府具有推进经济增长的强烈动机，那么地方政府推进地区经济增长的手段，其一来自政府的直接投资，如投资路桥等基础设施和公共工程，其二是采取各种政策推动辖区内各类企业的发展。而如何推动企业发展，如何让企业的经营方向和行为与政府的意图一致，取决于政府政策的引导，关键是政策要给企业以明确的信号提示该做什么和如何做。现阶段，政府因素握着资源和权力，在政府和企业的关系中处于优势位置，可以提供给企业更多的资源和要素，我国很多企业热衷于与政府建立关系，为企自身发展获取更有利的条件就是企业主动与政府互动的明证（余明桂，2010）。这种政企关系客观上为政府干预企业行为提供了条件和可能，因此，干预企业行为成为地方政府自身利益的现实选择与主要途径（郑国坚和魏明海，2007；谭劲松等，2012）。李白冰采用博弈论的方法研究政府补贴、税收机制与公司行为之间的关系，并提出了政府可以在一定范围内通过调整税率和补贴政策来引导公司行为的政策主张。因此，政府补贴可以也应该是政府干预企业的一种政策工具，政府补贴主要目的是对资源进行再分配以实现预期结果（步丹璐、郁智，2012）。

在短期内促进经济增长最直接和最有效的方式就是投资，由于短期的政绩需要，地方政府往往不考虑投资的投入产出和长期回报，因此，通过干预手段来影响企业的投资行为、投资偏好和结构。对于我国这样的转型经济国家而言，固定资产投资是刺激经济增长最直接、最快速的方式，政府的投资积极性体现了经济增长的导向。因此，基于经济增长目标的考虑，地方政府具有干预企业固定资产投资的动机（郝颖，2011）。

固定资产投资能带来"短平快"的直接效果，而无形资产投资则具有较高的风险性，且需要较长的周期才能发挥促进经济增长的功效，不符合地方政府任期内经济增长的短期目标。而且，由于资源的稀缺，在资本积累相对落后的欠发达地区，政府很可能引导企业集中资金投入于产业链长、行业关联度大、经济增长效果快的固定资产，相反，不太鼓励企业在研发上多做投资。夏皮罗（Shapiro，2008）从风险视角分析了政府干预企业投资结构的成因：在资本稀缺的国家，投资方向选择机会更多，既可投资于相对成熟的项目，也可以投资于无形资产等技术活动。技术创新因其较高的不确定性而承担较大风险，基于经济增长的目标和规避资本损失风险，地方政府并不鼓励企业选择无形资产投资。由此，提出以下假设：

假设1：其他条件不变的情况下，政府补贴与企业固定资产投资水平正相关。

假设2：其他条件不变的情况下，政府补贴与企业无形资产投资水平负相关。

以上假设本书称为政府补贴的投资激励假说和资本投向激励假说。

企业如果与政府建立了良好的关系，就能实现二者的互联互动，一方面，企业能为地方政府提供政绩支持、税收政治和提供就业等迫切问题；另一方面，地方政府可以反哺企业，提供补贴、信贷担保和税收优惠等各种支持，这样，企业和政府之间就构建起一种关系型合约（王永钦，2009），即政府与企业之间的互联性和关系性会内生决定政企关系与政府对企业的干预程度（周中胜、罗正英，2011）。

周黎安（2005）研究发现，中央政府考评官员绩效不仅仅依据其绝对经济绩效，同时还会以其他可比标准作为辅助型依据，比如前任的经济绩效、同期全国平均经济增速以及邻近地区的经济增速，也就是需要考察相对的经济绩效[45]。这种考评机制决定了地方官员关注的是当地经济发展速度与其他地区经济发展速度的相对位置，即地方官员更关注的是经济增长的相对速度。因此，可以推断经济增长速度越缓慢的地区，地方政府官员为获得职务晋升机会或避免被替换，就越有动机推动其所控制的国有企业或民营企业进行大规模的投资，以推动当地经济增长，同时，还可以实现增加税收、提高就业率等政策需要。相反，经济增长增速较快的地区，政府的"促投资、谋增长"动机相对减弱。

企业投资可以分为内部投资和对外投资，内部投资是企业将资金直接购置生产经营所需的各种资产的投资活动，主要包括固定资产等长期资产投资。对外投资是企业间接投资于其他经济主体，如通过长期股权投资和其他金融资产投资以实现投资收益。如果政府补贴意在鼓励企业扩大投资规模，驱动经济增长，那么企业的对外投资所体现的委托投资和间接投资的特性，显然无法配合地方政府实现目标。

在一般的市场竞争中，不同地区之间虽然存在着彼此竞争，但假设彼此合作有利于促进双方的发展，不同地区之间就可能谋求合作和双赢；但在经济增长的"政治锦标赛"竞争中，由于晋升的机会有限，不同地区同级别官员之间很难形成合作，一方胜出，另一方则失去晋升机会。因此，在"政治锦标赛"竞争中，各地区并不存在合作的激励。也正是出于这种竞争的需要，地方政府往往千方百计地封锁本地市场和防止本地资源外流，一方面竭力对外争取资金、招商引资，另一方面限制本地企业到其他地区投资，"肥水不流外人田"，地方政府可以通过补助的方式留住企业并限制其对外投资，只鼓励企业在本地投资扩张。如果企业配合了政府，那么，企业对外投资将降低，而在本地扩大投资成为其合理选择。

从另一个角度看，企业的税收是地方财政收入的重要来源。在财政分权体制下，某个地区如果没有足够的税源，就无法获得足够的财政收入去进行大量的基础设施投资，从而无法保证经济增长速度。假设企业转移投资，这将导致当地财政收入和就业机会减少，损害地方政府的利益，因此，地方政府也会千方百计留住企业以防止资源外流。政府补贴成为地方政府防止企业投资转移的一种手段。获得政府补贴的企业通常会减少对外投资水平，而加大规模投资尤其是固定资产投资，以提供经济增长政绩支持。

由此，本书提出以下假设：

假设3：其他条件不变的情况下，政府补贴与企业对外投资水平负相关。

假说4：经济增长速度越缓慢的地区，政府干预越强，政府补贴对固定资产投资的正向关系越敏感。

第四节 研 究 设 计

一、样本选择和数据来源

本书以2007～2012年沪深市场上市企业为主要研究样本。同样，选择2007年开始是因为2007年新准则实施对政府补贴的处理和披露更加规范，同时也是基于研究数据的同一性考虑。为保证研究样本的有效性，本书对样本作如下筛选：（1）由于财务数据的不同含义和基于本书研究的主题，剔除了金融行业的样本企业；（2）为保证研究样本相同的环境，剔除了发行B股、H股的企业；（3）剔除了ST和＊ST状态的企业，其投资决策明显异于正常经营上市企业；（4）剔除了无法判断上市企业实际控制人性质的企业样本（参照夏立军和方轶强研究以实际控制人性质来判定企业产权）；（5）剔除了所需数据缺失的企业样本和部分数据明显不符的企业样本。本书实证研究的上市企业财务有关的数据主要来自 CSMAR 数据库、锐思数据库，有关统计数据主要来自中国统计年鉴，本书定义的与政府的关系数据根据 CSMAR 企业治理数据库中高管动态中的个人简历逐一判断识别，行业分类是按照中国证监会公布《上市企业行业分类指引》（2001）的标准，将上市企业分为 22 个行业，依次从 A 到 M 分类，其中剔除行业代码为 I 的金融保险企业样本，这样，最终得到样本企业的年度观察值 7309 个，这些样本构成了本书的直接有效研究样本。为了控制异常值的影响，对连续变量 1% 以下和 99% 以上分位数进行了 winsorize 缩尾处理。数据处理和分析软件为 EXCEL2003 和 STATA12.0。

二、模型和变量

为检验本书提出的理论假设，构造以下基本检验模型：

$$INVT = \alpha_0 + \alpha_1 SUB + \alpha_2 INDEX + \alpha_3 GDP + \alpha_4 PC$$
$$+ \alpha_5 SOE + \sum CONTROL + \xi \qquad (8.1)$$

模型中自变量都滞后一期处理，为简化算式省略时间下标 t − 1，CONTROL 为控制变量组。这里采用滞后一期处理，一方面是避免同期所致的内生性，另一方面政府补贴时间多发生在会计年度中，其对企业投资的影响通常不会立竿见影，采用滞后一期变量更为合理。

因变量 INVT 具体为 FA_I、IA_I 和 EX_I，分别表示固定资产投资水平、无形资产投资水平和对外投资水平。参照有关研究文献，以当期增加的固定资产与总资产之比来刻画固定资产投资水平（FA_I），以当期增加的无形资产与总资产之比刻画无形资产投资水平（IA_I），以当期增加的对外投资与总资产之比刻画企业对外投资水平（EX_I）。其中，对外投资参照潘越（2009）研究，采用交易性金融资产、可供出售金融资产、持有到期长期投资和长期股权投资来刻画。以上各因变量当期增加的投资均取值于国泰安数据上市公司报表附注的长期资产项目。

政府补贴 SUB 采用政府补贴与总资产的比值来刻画，可以避免规模的差异。基于稳健性考虑，本书还同时使用政府补贴的自然对数（LNSUB）做回归检验。上市公司获得地方政府的补助反映在利润表中的营业外收入项目中，据此手工收集得到。

政府干预程度（INDEX）采用樊纲等编制的各地区"减少政府对企业的干

预"指数作为政府干预的替代变量。该指标是反向指标，指数越低，政府干预企业行为的程度越强。

地区经济增长（GDP）表示个地区经济增长水平，本书采用各地区经济增长率来刻画经济增长程度高低。

政治关联（PC）为手工收集，参照潘越（2009）、余明桂（2010）等的做法，如果企业高管曾经在政府部门任职，定义为1，否则为0。其数据采集自企业治理数据库中高管简历，通过对高管简历的分析判断是否与政府有关联。

产权性质（SOE），表示企业的性质，参照实际控制人属性，将上市企业分为国有控股和非国有控股，若为国有控股 SOE 取值为1，否则为0。

根据已有研究，本书选择企业现金流（FCF）、企业成长性（GROWTH）、企业规模（SIZE）、企业盈利性（ROA）、代理成本（AC）等企业特征变量为其他控制变量。表8-1列示了各变量的定义，表8-2列示了各主要变量的描述性统计结果。

表8-1　　　　　　　　　　　　主要变量说明及定义

变量	变量名称	解释定义
FA_I	固定资产投资支出	当期固定资产增加值比总资产
IA_I	无形资产投资	当期无形资产增加额比总资产
EX_I	对外投资	当期对外投资增加额比总资产
R&D_I	研发投资	当期研发投资支出比总资产
GDP	经济增长	当期经济增长增长率
SUB	政府补贴 SUB	当期政府补贴/总资产
	政府补贴 LNSUB	政府补贴金额的自然对数
PC	政治关联	高管曾担任政府官员或在人大、政协任职，取值1，否则取值0
SOE	控制人性质	国有控股取值1，否则为0
INDEX	政府干预指数	取自樊纲、王小鲁等《中国市场化指数》（2011 版）
LEV	负债程度	资产负债率
GROWTH	成长机会	托宾 Q =（普通股股数×每股价格 + 负债账面价值）/总资产

变量	变量名称	解释定义
SIZE	企业规模	总资产自然对数
FCF	持有现金	经济活动产生的现金流/公司总资产
ROA	投资回报率	资产报酬率
FCF	持有现金	经营活动现金流/企业总资产
AC	代理成本	管理费用与营业收入之比

表 8 - 2 　　　　　　　　　　　**主要变量的描述性统计**

Var	Obs	Mean	Std. Dev.	Min	Max
FA_I	7309	0.0321	0.059	-0.442	0.293
IA_I	7309	0.007	0.020	-0.011	0.132
EX_I	7309	0.057	0.097	0.000	0.558
R&D_I	7309	0.001	0.005	0.000	0.032
SUB	7309	0.004	0.007	0.000	0.043
LNSUB	7309	12.680	6.241	0.000	23.550
PC	7309	0.497	0.500	0.000	1.000
SOE	7309	0.503	0.500	0.000	1.000
INDEX	7309	9.101	2.079	0.380	11.80
GDP	7309	0.175	0.052	0.006	0.341
LEV	7309	0.456	0.215	0.039	0.967
GROWTH	7309	1.914	1.137	0.834	7.490
ROA	7309	0.047	0.056	-0.166	0.226
AC	7309	0.610	0.071	0.009	0.443
FCF	7309	0.055	0.114	-0.316	0.415

第五节　实证结果及分析

一、政府补贴对企业投资方向的影响

首先验证政府补贴对上市公司的投资行为是否产生显著影响。表 8 - 3 报告了模型（1）的回归结果，reg1 和 reg2 显示政府补贴对固定资产投资水平的影响的检验结果，结果表明上市公司获得的政府补贴越多，公司固定资产投资（FA_I）水平也越高。reg3 和 reg4 显示的是政府补贴对无形资产投资水平（IA_I）的影响，SUB 回归系数在10％水平显著为正，而 LNSUB 的系数为负数，但不显著，因此仅有微弱的证据表明政府补贴越多，无形资产投资水平越低。reg5 和 reg6 SUB 的系数为 -0.63，在1％水平显著为负，表明上市企业收到政府补贴越多，其对外投资水平（EX_I）明显越低，结合政府补贴对固定资产投资的激励，由此可见，通过政府补贴这只有形之手，政府对企业的具体投资行为引导作用显著，企业加大了固定资产的投入力度，同时收缩其对外投资水平，从而把更多的资源和精力放在内部投资扩张上，表明收到政府补贴的企业配合地方政府的投资扩张需求。

表8-3　　　　　　　　　政府补贴与企业投资方向回归结果

Var	FA_I	FA_I	IA_I	IA_I	EX_I	EX_I
	reg1	reg2	reg3	reg4	reg5	reg6
SUB	0.2861** (2.26)		-0.0789* (-1.76)		-0.6318*** (-3.93)	
LNSUB		0.0003* (1.94)		-0.0000 (-0.14)		-0.0005** (-2.54)
LEV	-0.0083* (-1.74)	-0.0079* (-1.65)	0.0017 (1.02)	0.0016 (0.95)	0.0555*** (8.58)	0.0562*** (8.70)
GROW	-0.0013 (-1.54)	-0.0012 (-1.44)	0.0002 (0.66)	0.0002 (0.66)	0.0089*** (7.38)	0.0088*** (7.30)
ROA	0.0763*** (4.33)	0.0787*** (4.48)	0.0165*** (2.65)	0.0174*** (2.80)	-0.0058 (-0.24)	-0.0096 (-0.39)
SIZE	0.0018** (2.09)	0.0014* (1.66)	-0.0004 (-1.17)	-0.0004 (-1.21)	0.0146*** (12.72)	0.0154*** (13.18)
AC	-0.0106 (-0.81)	-0.0077 (-0.59)	0.0017 (0.38)	0.0023 (0.51)	0.1999*** (11.28)	0.1953*** (11.02)
FCF	0.0161** (2.05)	0.0158** (2.01)	0.0028 (1.02)	0.0029 (1.03)	-0.0715*** (-6.62)	-0.0714*** (-6.61)

续表

Var	FA_I	FA_I	IA_I	IA_I	EX_I	EX_I
	reg1	reg2	reg3	reg4	reg5	reg6
INDU	控制	控制	控制	控制	控制	控制
YEAR	控制	控制	控制	控制	控制	控制
_cons	0.0052 (0.27)	0.0103 (0.53)	0.0120* (1.75)	0.0124* (1.81)	−0.2723*** (−10.51)	−0.2840*** (−10.93)
N	7309	7309	7309	7309	7309	7309
R^2	0.0573	0.0570	0.0264	0.0258	0.1189	0.1178
F	10.0992	10.0510	4.5109	4.4053	30.9013	30.5718
P	0.0000	0.0000	0.0000	0.0000	0.0000	0.0000

注：括号内为 t 值，$*p<0.10$，$**p<0.05$，$***p<0.01$。

前文分析指出，企业与政府建立联系可能有助于其从政府得到额外的资源和利益，不同市场化进程地区，政府干预程度也存在差异，因此在模型（1）基础上，增加了与政府的关系（PC）、市场化指数（INDEX）、经济增长增速（GDP）等变量，并进行回归，结果见表 8 - 4。与模型（1）回归结果相比，政府补贴对固定资产投资水平、无形资产投资水平和对外投资程度的影响结果完全一致，表明即使考虑到政企关系、各地区市场环境和经济发展程度差异，本书假设 1 和假设 3 的结论保持稳定，反映了政府补贴影响企业投资方向的普遍性。

表 8 - 4　　加入其他控制变量的政府补贴与企业投资方向的回归结果

Var	FA_I	FA_I	IA_I	IA_I	EX_I	EX_I
	reg1	reg2	reg3	reg4	reg5	reg6
SUB	0.3023** (2.39)		−0.0874* (−1.95)		−0.6516*** (−4.08)	
LNSUB		0.0003** (2.14)		0.0001** (−2.07)		−0.0006*** (−2.82)
PC	0.0032* (1.90)	0.0032* (1.91)	−0.0002 (−0.31)	−0.0002 (−0.25)	−0.0070*** (−2.99)	−0.0070*** (−3.00)

Var	FA_I	FA_I	IA_I	IA_I	EX_I	EX_I
	reg1	reg2	reg3	reg4	reg5	reg6
SOE	−0.007*** (−3.76)	−0.007*** (−3.73)	−0.003*** (−4.59)	−0.003*** (−4.53)	0.0188*** (7.47)	0.0188*** (7.49)
INDEX	−0.0006 (−1.31)	−0.0006 (−1.34)	0.0002 (1.17)	0.0002 (1.13)	0.0025*** (4.07)	0.0025*** (4.09)
LEV	−0.0073 (−1.51)	−0.0069 (−1.43)	−0.0014 (−0.82)	−0.0013 (−0.74)	−0.0585*** (−8.96)	−0.0593*** (−9.08)
ROA	0.0691*** (3.90)	0.0717*** (4.06)	0.0132** (2.10)	0.0142** (2.26)	0.0091 (0.37)	0.0053 (0.22)
SIZE	0.0028*** (3.13)	0.0024*** (2.68)	0.0001 (0.19)	0.0000 (0.08)	0.0122*** (10.27)	0.0130*** (10.82)
AC	−0.0115 (−0.88)	−0.0083 (−0.64)	0.0013 (0.29)	0.0021 (0.45)	0.2043*** (11.54)	0.1995*** (11.28)
FCF	0.0163** (2.07)	0.0159** (2.02)	0.0031 (1.12)	0.0031 (1.12)	−0.0736*** (−6.83)	−0.0735*** (−6.82)
_cons	−0.0191 (−0.90)	−0.0138 (−0.65)	0.0045 (0.60)	0.0052 (0.69)	−0.239*** (−8.33)	−0.2515*** (−8.75)
N	7309	7309	7309	7309	7309	7309
R^2	0.0615	0.0613	0.0308	0.0301	0.1288	0.1277
F	9.6077	9.5716	4.6665	4.5507	29.9593	29.6760
P	0.0000	0.0000	0.0000	0.0000	0.0000	0.0000

注：括号内为 t 值，$*p<0.10$，$**p<0.05$，$***p<0.01$

从其他变量来看，与政府的关系（PC）对固定资产投资水平正向影响，对无形资产投资水平和对外投资水平反向影响，其对企业投资方向的影响与政府补贴（SUB）一致。市场化指数（INDEX）是负向指标，其值越大，政府干预程度越低，reg5、reg6 显示 INDEX 对外投资水平（EX_I）显著正相关，表明干预程度越高，对外投资水平越低。结合与政府关系（PC）的系数，可以发现政府干预对固定资产投资的正向影响和对外投资水平的负向影响，符合追求经济增长的政府补贴动机。如果把与政府关系（PC）和政府补贴（SUB）

一样视为政府干预的代理变量，表明政府干预显著影响了企业投资方向。

二、经济增长增速对政府补贴与固定资产投资水平关系影响

为验证假设4，在模型（8.1）中，加入 $GDP\_d \times SUB$（$GDP\_d \times LNSUB$）交叉项，以各省区经济增长速度的中位数为标准，将样本分为经济增长增速高和增长增速低两类，并定义增速高的样本取值1，增速低的样本取值0，构建 GDP_d 虚拟变量。表8-5报告了模型的回归结果。SUB 和 $LNSUB$ 的系数仍显著为正，GDP 的系数显著为正，说明经济增长越快，固定资产投资水平越高。交叉项 $GDP\_d \times SUB$ 的系数显著为负，这意味着，经济增长快的地区，政府补贴对企业的固定资产投资水平影响越弱，支持了假设4，也证实了基于经济增长导向的政府补贴动机。

表8-5　　　　经济增长增速不同地区政府补贴对固定资产投资水平影响

变量	FA_I	FA_I
	reg1	reg2
SUB	0.6073 *** (3.29)	
GDP_d × SUB	- 0.7401 *** (- 3.52)	
LNSUB		0.0005 *** (3.08)
GDP_D × LNSUB		- 0.0003 ** (- 2.47)
SOE	- 0.0052 *** (- 3.06)	- 0.0055 *** (- 3.25)
GDP_d	- 0.0512 ** (- 2.09)	- 0.0542 ** (- 2.21)
LEV	- 0.0041 (- 0.92)	- 0.0043 (- 0.97)
GROWTH	- 0.0022 *** (- 2.94)	- 0.0019 ** (- 2.54)

变量	FA_I	FA_I
	reg1	reg2
ROA	0.0811 ***	0.0811 ***
	(4.64)	(4.66)
AC	-0.0157	-0.0123
	(-1.25)	(-0.99)
FCF	0.0175 **	0.0161 **
	(2.38)	(2.20)
INDU	控制	控制
YEAR	控制	控制
_cons	0.0352 ***	0.0316 ***
	(3.66)	(3.26)
R^2	0.0609	0.0600
F	18.3300	18.8471
p	0.0000	0.0000

注：括号内为 t 值，$*p<0.10$，$**p<0.05$，$***p<0.01$。

另外，为检验产权性质不同政府补贴对企业投资方向的影响是否存在差异，本书在模型中引入交叉项 SUB × SOE 的，并进行回归，结果显示交叉项 SUB × SOE 的系数并不显著（回归结果略），没有证据表明不同产权性质的企业政府补贴对投资方向的影响存在显著差异。

三、稳健性测试

为增进本书研究的稳健性，本书在计量方面采用调整异方差的稳健回归（robust），另外，在模型回归时，同时使用 SUB 和 LNSUB 两个变量度量政府补贴强度，实证结果基本一致。

本书采取人均经济增长为经济增长的代理变量对模型进行回归，主要结论未发生实质性改变。考虑到公司治理对企业投资影响（姜付秀，2009 等），模型进一步控制企业治理状况，如第一大股东控股（TOP）、独立董事比例（IN-DIR）等，实证结果基本不变[88]。

本书以投资激励为视角，研究政府补贴对企业投资方向的影响，但不是所有的上市公司都能获得政府补贴，因而直接运用 OLS 法来估计政府补贴和企业投资关系模型的系数可能产生样本选择性偏误（邵敏，2011）。借鉴邵敏等的做法，本书采用 Heckman（1979）中的选择模型对政府补贴决定因素进行分析[89]。Heckman 样本选择模型的实际估计过程包括两步：首先，利用 logistic 模型估计政府补贴的影响因素，即估计政府补贴的概率，得到逆米尔斯比率的估计值；然后，将其作为解释变量引入投资模型，模型中 SUB_dum 表示是否收到政府补贴，估计结果见表 8 - 6，考虑样本选择偏差进行敏感性检验后，结果并未发生明显异常变动。

表 8 - 6   Heckman 二阶段选择模型回归结果

变量	FA_I	EX_I
	reg1	reg2
SUB	1.9446 *** (3.08)	- 0.4543 *** (- 2.92)
AGE	- 0.0004 (- 0.34)	0.0054 *** (20.97)
SIZE	- 0.0051 (- 1.05)	0.0109 *** (9.00)
LEV	0.0267 (0.87)	- 0.1212 *** (- 16.07)
FCF	- 0.0148 (- 1.38)	- 0.0236 *** (- 8.70)
GROWTH	0.0126 *** (2.61)	0.0005 (0.38)
ROA	0.0751 (0.71)	0.0257 (1.01)
AC	- 0.2486 *** (- 3.18)	0.1913 *** (9.99)
_cons	0.1989 * (1.88)	- 0.1878 *** (- 7.12)
SUB_dum		

续表

变量	FA_I	EX_I
	reg1	reg2
PC	0.0010 (0.03)	0.0045 (0.11)
SOE	0.1388 *** (3.15)	0.1601 *** (3.67)
GDP	−1.7411 *** (−3.23)	−1.5640 *** (−2.97)
Age	−0.0349 *** (−8.52)	−0.0345 *** (−8.46)
SIZE	0.1440 *** (8.28)	0.1449 *** (8.42)
INDU	控制	控制
YEAR	控制	控制
_cons	−0.9476 ** (−2.27)	−1.0273 ** (−2.49)
mills		
lambda	−0.1330 *** (−6.04)	0.0487 *** (8.62)
N	7176	7176
p	0.0000	0.0000

注：括号内为 t 值，$*p<0.10$，$**p<0.05$，$***p<0.01$。

第六节 本 章 小 结

本章对政府补贴影响企业资本投向问题展开研究，选择投资视角来考察政府补贴的政策效应，主要基于以下考虑：（1）投资行为是企业经营过程中最重要的决策之一，对企业发展的影响直接而持续。（2）既然政府干预普遍存在，政府补贴为上市企业提供额外的资源，那么这些具有资源优势的企业是否会进行更多的固定资产投资？（3）虽然政府补贴能为企业带来额外经济利益，但是，企业获得政府补贴收益的同时往往也需要做出相应的贡献，如企业需要扩大投资支出促进地区经济增长、增加地方就业和地方财政收入，为地方政府官员晋升提供政绩支持。

本书认为，政府自身的利益导向决定其行为动机，地方政府通过提供补助来引导企业选择投资以实现"促投资、谋增长"。基于中国的市场环境，从一定意义上看，政府补贴是政府干预企业行为、实现政府意图的政策工具。在现阶段的"政治锦标赛"晋升机制下，政府补贴可以是政府用以引导企业投资行为的手段，企业也配合了政府的经济增长需求而主动调整企业的投资方向，政府能够过提供补助影响企业的投资结构。研究发现，政府补贴对企业投资方向的选择具有显著影响，政府补贴对企业固定资产投资具有正向作用，对企业对外投资和无形资产投入具有负向作用，进一步研究发现，相对经济增长速度低的地区，政府补贴对上述投资的影响更敏感。已有研究表明，不同的资本投资方向对经济增长的贡献和功能各不相同，政府通过补助引导企业在投资取向上选择增长效果最快和最直接的投资方式，其结果导致企业增加了固定资产投资而相对减少了无形资产投资和对外投资。研究还发现，经济增长的相对业绩显著影响了政府补贴和固定资产投资的正向关系，经济增长速度越高的地区，上述正相关关系显著减弱。研究结论一定程度上解释了我国固定资产投资较长时期的高速增长现象。本书的研究结果表明，对于企业而言，政府为追求单纯经济增长而对企业的干预行为可能导致企业投资结构异化，从资本投资的规模和结构上影响企业投资效率，加剧固定资产的过度投资，不利于企业的投资结构调整，也不利于企业根据自身战略扩大对外投资。

我国经济长期以来依赖投资驱动，虽然实现了经济总量快速增长，但是带来了重复投资、粗放式增长和效率低下等诸多困扰经济高质量增长的深层次问题，宏观经济结构也难以实现升级。本书研究表明，政府补贴对企业投资方向选择的影响机制和对固定资产投资的激励，叠加了上述重复性投资，不利于企业追加技术性投资，不利于实现宏观经济增长从量到质的转变。

本章研究问题的政策启示在于：首先，改进单纯经济增长导向的政绩考核机制，尤其是经济增长越慢的地区，否则会导致政府干预程度的进一步加深；其次，要加强补贴之后的监控，抑制企业寻租行为。

第九章

政府补贴对上市公司过度
投资影响的研究

第一节　问题的提出

宏观经济政策对微观企业行为到底怎样产生影响，这一问题一直被理论界实务界关注，二者结合起来的互动研究有利于克服宏观经济研究缺乏微观基础，企业行为研究缺乏宏观层面指引的局面。研究表明政府政策通过一定的传导机制，影响企业预期，进而改变企业行为。

2007年国际金融危机爆发，中国政府实施了激进的财政政策，四万亿元投资计划由此启动。在此背景下，无论是从政府补贴的力度和广度来看，政府对上市公司补助呈快速扩张之势，众多上市公司迎来补贴的免费盛宴。岁末年初，当公司发布公告后，上市公司收到高额的政府补贴总会引来公众一片质疑，2013年6月审计署发布公告披露了部分企业骗取政府补贴的行为，引来舆论哗然。那么，接下来公众关心的一个问题自然是政府补贴究竟对公司行为产生什么影响，这一问题的解答有助于研究分析政府补贴的效用，有助于解答公众和投资者的疑问，对于政府政策的制定和完善也将具有重要的参考作用。

美国学者莫迪里安里和米勒在其经典论文《资本成本、公司融资和投资理论》提出著名的MM理论，即在无交易成本、无税收以及完美市场等一系列假设基础上，公司资本结构与公司价值无关。在完美市场等一系列严格假设的前提下，该理论证明了资本结构不影响公司价值，公司价值完全取决于其投资项目的净现值，也就是说公司价值由公司未来收益及资本成本决定，在最优投资水平情况下公司价值实现最大化。MM 理论表明公司投资决策与制度环境无关，但现实中公司理财必须考虑特定政治经济文化环境等因素，因为公司投资必然受到特定的政治经济等制度环境因素的影响。正如熊彼得指出，关于任何投资机会的任何理论如果不考虑政治因素将是不切实际的。学者林毅夫等的研究表明，中国正处在经济转型时期，市场经济并未完全建立，一些市场规则尚未成熟，一些法律法规并不完善，政府干预行为仍然是一种普遍现象（林毅夫等，2004）。Wong（2004）指出政府干预企业的方式有三种：一是国有股东通过控股股东身份进行产权干预；二是政府部门通过重要资源的配置干预公司运营；三是通过基层党组织参与公司治理来影响公司的重大经营决策等。在我国经济转型阶段，政治制度环境决定了政府干预经济的普遍性，政府补贴则是典型的干预手段，属于上述第二种通过资源配置来干预公司的行为。因此，从微观公司角度来研究我国政府补贴与公司投资的脉络，考察政府补贴对公司投资的作用和对投资效率的影响，进而考察政府行为对经济运行的影响程度，是一个值得研究的问题，具有一定现实意义和必要性，可以为政府补贴政策的制定提供一定的借鉴和导向。

在理想的资本市场条件下，不存在委托代理冲突和信息不对称，那么，理性的公司将只选择投资那些净现值为正的项目。然而在现实环境中，由于受到信息不对称、代理冲突乃至政府管制等因素影响，偏离最优投资的非效率投资行为现象普遍存在。投资非效率包括投资过度和投资不足两种现象，投资过度指公司投资于净现值为负的项目（本不该投资）而导致投资过度，投资不足指公司因放弃净现值为正的项目（本应该投资）而导致投资不足现象。传统的代理理论揭示出公司投资不足行为的普遍存在。理查森（Richardson，2006）首先构建投资期望模型，研究公司投资过度行为与自由现金流量之间的内在关系以来[92]，国内学者纷纷沿着这一轨迹，将研究重心转向对我国上市公司过度投资行为进行经验检验（魏明海、柳建华，2007；唐雪松、周晓苏、马如静，2007；李维安、姜涛，2007；程仲鸣、夏新平、余明桂，2008；潘红波、夏新平、余明桂，2008；张洪辉、王宗军，2010；等等），最近几年才开始关注公司投资不足行为（张功富，2009；周伟贤，2010；周春梅，2011；等等）。目前，研究政府干预对上市公司投资影响的文献，衡量政府干预的经典变量多是采用樊纲等人编制的市场化程度指数等间接方法来刻画。

事实上，在中国经济处于转轨时期，政府补贴不可避免地干预到公司投资行为，而政府补贴对公司投资行为影响的研究并不多见。何源、白莹、文翘（2006）建立了一个公司投资模型，研究政府补贴和税收行为对公司投资产生的影响，其研究表明，当长期负债高于政府补贴时，政府补贴能够有效约束公司投资行为避免过度投资，但政府补贴可能会使公司出现投资不足，而减税政策能够抑制投资不足；当长期负债低于政府补贴时，政府补贴和减税都能有效抑制投资不足现象。而贝尼尼和佩莱格里尼（Bernini and Pellegrini，2011）研究了意大利政府补贴对企业行为的作用，研究表明获得补贴的企业在产出、就业和固定资产等方面获得较快增长，但在全要素生产率增长上却低于无补贴的企业。换言之，补贴对于企业长期增长的负效应降低了补贴的短期和暂时的增长效应。很多学者（唐清泉等，2009；安同良、周绍东、皮建才；2009；樊琦、韩民春，2011；白俊红，2011 等）研究了补贴对公司研发投资的作用，可以发现，政府补贴效应问题研究一直存在着激励效应和挤出效应的争论。

公司投资行为不仅会对其业绩产生影响，而且对后金融危机时代我国宏观经济能否持续健康发展也具有重要作用，研究上市公司投资的非效率问题非常重要，当前，我国资本市场的现实情况是国有控股上市公司占据了半壁江山，还有很多公司是由国有企业进行改制后上市的，另外，还有相当数量的其他公司与国有企业间存在"斩不断理还乱"密切联系。余明桂等（2010）研究发现政府补贴异化了政企关系，导致政府与企业之间互相寻租行为。政府补贴对企业行为作用机制可能存在不确定性。现阶段，在政府补贴和公司投资方面的经验证据缺乏和理论分析存在较大分歧的情况下，研究政府补贴对企业投资效率的影响，换言之，研究政府补贴是否是导致我国企业过度投资的一个重要原因，对于我国上市公司投资行为问题的研究能进一步深化和提供理论解释。

第二节　理论分析与研究假设

中国的特殊制度环境致使政府兼具政治实体和经济实体的双重身份和职能。政府职能是提供国防、外交、公共卫生、义务教育等公共服务，这是政治实体功能体现，此外，政府还要履行调控宏观经济、提供公共产品和服务、维护市场秩序等公共服务和公共保障等职责。市场经济中，政府的一个重要职能就是创造一个公平竞争的市场环境和稳定有序的经营环境。现阶段，我国经济处于转型的关键时期，政府营造良好的市场环境的任务更为迫切。

在中国资本市场上，国企改制后上市的公司数量庞大，各级政府是其实际控制人，有干预这些上市公司经营活动的动机。施莱弗等（1997）研究认为，政府官员也是代理人，拥有自己的私人利益和政治立场，他们利用自己掌握的权力转移国有公司资源。郭庆旺（2006）研究指出，地方政府因经济分权而产生干预经济的内在原动力，地方政府有充足的动机鼓励所在地区的企业投资，比如，地方政府希望上市公司为地方经济建设做出贡献，通过扩大投资以带动经济增长，这一动机在财政赤字较高经济发展较落后的地区尤为强烈[109]。施莱弗和维西尼（1997）认为，政府官员充当政府代理人，同样具有多重角色，既追求社会性的公共目标，也会追求个人私益，这种地方政府官员的政治利益追逐经常导致地方政府投资于一些政绩工程，在中国，过度投资和重复建设问题的普遍存在就是明显的表现。周黎安（2007）定义了我国的地方官员"政治锦标赛"行为，他认为地方政府的政治晋升动机会刺激上市公司的投资活动。

上述文献表明，地方政府有强烈的动机干预辖区内公司的投资活动，原因在于作为政府代理人的地方官员也会产生追求私人收益的诉求，如追求职务晋升和实现自身的经济利益，而这种政府干预通常并不有益于公司价值最大化目标，甚至可能会减损公司价值，假定其他情况相同，地方政府干预当地国有企业的行为动机越强烈，国有企业的过度投资行为可能性越高[55]。

另外，从公共选择理论角度来看，官员是理性的、追求个人效用最大化的市场个体，官员总是从增进自身的效用角度来制定政策。公共选择理论表明，官员公共资源分配决策是他们各种利益博弈后的权衡结果，政府决策未必必然导致社会福利最大化。在中国，中央对地方政府官员的政绩考核的最主要依据就是经济增长，各级地方政府把发展本地经济作为第一要务。另外，层级制的行政机制使得地方政府"一把手"权力过于集中，常常能左右政府决策，为了谋取自己的职务晋升目标，政府"一把手"倾向于鼓励当地企业的投资，以拉动本地的经济增长。我国经济建设中屡禁不止的"形象工程""政绩工程"等就是地方政府官员片面追求经济政绩，投资于低效率基础设施的产物。另外，官员晋升考核的"唯经济增长论"还可能表现为地方政府将公共治理目标转嫁于所辖公司，希望所在地区的企业扩大投资，以投资促增长，实现地区经济增长、增加税收、缓解就业压力等一系列目标，这种政策驱使的投资通常超过企业最优投资，造成经济生活中的重复建设等投资过热问题。

从公司内部治理看，地方政府对投资的规模胜于效率的偏好也迎合了国有上市公司高管的"商业帝国"建造动机，非国有上市公司的高管一样，也具有"商业帝国"建造动机，即通常偏好投资金额高的项目，因为投资越多可能控制公司资源越多，也可能就意味着更多的在职消费以及更多的其他私人利益。高管的这种偏好越强烈，代理成本就越高，对企业损害越大[110]。目前我国国有上市公司的显性激励机制在改善投资决策方面作用不大，可能难以激励高管配合政府目标扩大投资，投资决策主体虽然是公司，但政府可以通过提供政府补贴的方式，引导公司来扩张投资规模。陈运森和朱松（2009）考察了上市公司与政府建立的关系对其资本投资的影响，并结合我国不同地区的环境差异来研究政府关系发挥作用是否受到制度层面因素的影响。

无论对于公司的价值增长，还是对于地方经济的增长，公司投资行为都是关键因素。在有中国特色的市场环境中，公司投资行为不仅取决于公司层面的决策偏好，而且在很大程度上也取决于政府层面的制度供给。考虑到中国政府主导型的增长模式，本书提出以下研究假设：

假设1：假定其他条件不变，政府补贴力度越大，上市公司投资支出水平越高。

假设2：政府补贴与公司过度正相关，政府补贴加剧了投资的非效率问题。

我国上市公司基本可以分为国有与非国有两种类型。各级政府是国有上市公司实际控制人。国有公司因其与政府的天然关联可以更便利地获取银行贷款和投资机会，地方政府为追求经济增长，激励所在地区企业扩大投资，而不论是否符合公司利益，国有公司天然具有资源分配优势，这种扩张优势更加明显。博伊科等（Boycko et al.，1996）研究证实，国有企业由于并不完全承担政府干预的损失，政府干预成本较低，国有企业存在的意义之一就在于承担一些政府赋予的政策性目标，而公司价值最大化让位于政策目标。经济分权驱使各级地方政府把追求经济增长作为第一目标，强化了各级政府干预经济的激励，导致企业面临各级政府的多种形式干预和控制（Blanchard and Shleifer，2000）。夏立军等（2005）研究发现，政府干预不能有效实现公司价值最大化的目标，由于国有企业的投资决策常常偏离价值最大化目标而为地方政府目标让路，最终结果是国企的投资决策盲目性而导致或过度投资。辛清泉等（2007）研究发现，政府控制对国有企业的效率促进效应有限，相反，国有控制损害了公司价值。

各级地方政府多为地方国有公司的控股股东,掌控地方国企高管任免,加之地方政府承担着包括基础设施建设等公共支出的财政压力,地方政府具有壮大当地经济的强烈愿望。同时,地方官员不但可以通过股东身份直接干预公司的投资行为,还能以投资审批、银行贷款抵押以及土地资源分配等方式对国有公司进行干预。地方政府干预当地国企以服务于政府目标现象普遍存在经济社会中。

另外,政府对国有企业的补助通常是为了实现就业目标和补偿企业的所承担的政策性负担。伊卡斯(Eckaus,2006)认为,中国政府对国有企业的亏损补贴是避免企业倒闭和大规模失业的一种方式。吉尔玛(2010)则认为,中国政府出于稳定地方就业率的考虑,选择补贴对象时更多考虑对国有企业特别是亏损国有企业提供各种形式的补贴以实现扶持意图,自1985年以来近44%的政府补贴主要是弥补各级国有企业的亏损。林等(1998)认为几乎所有的国有企业都从以前的体制中继承了一些政策性负担,而对这些政策性负担政府负有责任,只能通过政府补贴的形式进行补偿,这些企业获得政府补贴更可能用于其他用途而降低效率、削弱政府补贴对企业投资的激励。而民营企业承担较少的政策性负担,政府补贴对民营企业投资促进的影响反而可能会高于国有企业。

现有研究文献表明,地方政府为国有企业提供一定形式的补偿,来弥补国有企业因承担政策性负担可能导致的损失(Faccio,2006)[23],这种补偿形式通常是税收优惠、追加投资规模或直接的财政补贴(陈晓和李静,2001;余明桂等,2010),国有企业预算软约束的存在,政府对国有公司的补贴经常化,补助对其投资支出的激励作用可能反而较弱。同时,各级政府存在着通过隧道挖掘行为转移公司资源的强烈动机(周春梅,2012),从而使公司可用的投资资源相应减少,造成投资机会丧失,进而导致投资不足现象的发生。相对于国有公司,民营公司在很多方面受到了限制,比如融资渠道、投资机会等方面都处于下风(Brand and Li,2006)。即便如此,很多地区民营经济还是得到了空前的发展,民营企业的规模迅速壮大,成为所在地区促进生产力发展的重要力量和国民经济的重要组成部分。基于政府干预和扶持企业的惯性,地方政府也会采取相应措施扶持民营企业,而政府补贴等于直接增加民营企业收益,降低民营企业的资本成本,提高企业的投资预期,致使民营企业提高投资规模。例如,重庆市近几年就连续提供几十亿元的民营公司专项资金补贴,发挥投资杠杆，撬动民营公司投资积极性。民营公司获得的政府补贴能够扩大投资机会和拓宽投资渠道，政府补贴能更好地促进民营公司的扩大投资。反过来，这种投资行为成为民营公司争取更多政府补贴和扶持的信号和手段，因此，相对于国有公司，政府补贴对民营企业投资行为的影响可能更为敏感。政府补贴对公司投资行为的影响相对复杂，可能导致过度投资行为，也可能产生投资不足问题。政府补贴对企业投资激励可能存在不确定性，因此，提出以下竞争性的假设 3a 和 3b：

假设 3a：产权性质显著影响政府补贴的投资激励，和民营公司相比，国有公司获得的政府补贴对投资影响更加敏感。

假设 3b：产权性质显著影响政府补贴的投资激励，和国有公司相比，民营公司获得的政府补贴对投资影响更加敏感。

第三节 研 究 设 计

一、样本和数据来源

本书使用中国资本市场 2007～2012 年的 A 股上市公司的为初始样本。需要说明的是，之所以选择 2007 年开始是因为 2007 年新准则实施对政府补贴的处理和披露更加规范。由于财务数据的不同含义和基于本书研究的主题，本书首先剔除了金融行业的样本公司和同时发行 B 股、H 股的公司及 ST 和 ∗ ST 公司，其次本书剔除了无法判断上市公司实际控制人性质的公司样本（参照夏立军和方轶强研究以实际控制人性质来判定公司产权），另外剔除了所需数据缺失的公司样本，本书还剔除了部分数据明显不符的公司样本。上市公司财务数据主要来自 CSMAR 数据库，一些公告数据来自巨潮资讯网，经济统计数据来自中国统计年鉴。本书定义的与政府关系数据根据 CSMAR 公司治理数据库中高管动态中的个人简历逐一判断识别，按照中国证监会公布《上市公司行业分类指引》（2001）的标准，将所选上市公司划分为 22 个行业，依次从 A～M 分类，其中剔除行业代码为 I 的金融保险公司样本，这样，最终得到样本公司的有效年度观察值。主要连续变量均进行 winsorize 缩尾处理。数据处理软件为

EXCEL2003 和 STATA12.0。

二、模型设计和变量定义

公司的投资水平和非效率投资的判别是本书研究主题的首要问题。本研究模型的因变量为公司的投资支出。投资支出度量的方法有以固定资产原值改变量除以上年末的固定资产净值（Fazzari et al.，1988）、以固定资产净值改变量除以上年末的固定资产净值（Aivazian et al.，2005）以及以长期资产改变量除以上年末的总资产（如 Loughran et al.，1995）。国内学者郝颖、刘星（2005），唐雪松、周晓苏、马如静（2007）用资产负债表中固定资产原价、工程物资以及在建工程之和的增加值与期初固定资产净额之比来刻画投资支出；张功富、宋献中（2009）用购建固定资产、无形资产和其他长期资产的支出与期初固定资产净额的比值来刻画。借鉴上述研究，本书采用购建固定资产、无形资产和其他长期资产的支出与期初固定资产净额的比值来度量投资支出，同时也采用后面两种计算方法进行稳健性检验，发现对结果无显著影响。

如何度量投资不足？目前研究文献主要提供了三种度量方法：行业替代法、自由现金流法和理查森的预期投资支出模型。理查森（2006）将公司的新增投资支出按照用途分割为两个部分，第一部分是维持目前业务的投资支出，该投资取决于公司的成长机会、自由现金流、行业等；第二部分则是属于新项目新机会的新增投资，通过预期投资模型的残差来判别公司投资类型，如果模型的残差大于零，则表明公司存在过度投资，反之，就表明公司出现了投资不足行为。威尔第（Verdi，2006）、魏明海（2007）、辛清泉（2007）、姜付秀和张敏（2009）、俞红海（2010）、陈燕燕和罗党论（2012）的研究都使用了理查森预期投资模型。借鉴这些研究成果，本书采用预期投资模型测度投资过度，估计样本为资本市场所有 A 股上市公司的全样本，预期投资模型如下：

$$INVT_{t+1} = \alpha_0 + \alpha_1 GROWTH + \alpha_2 LEV + \alpha_3 RET + \alpha_4 CASH + \alpha_5 INVT + \alpha_6 SIZE$$
$$+ \alpha_7 AGE + INDU + YEAR + \varepsilon \tag{9.1}$$

被解释变量 $INVT_t$ 表示公司投资支出，借鉴理查森（2006）、威尔第（2006）、魏明海、柳建华（2007）、姜付秀（2009）、唐雪松等（2010）的研究，以构建固定资产、无形资产及其他长期资产支出的现金减去处置固定资产、无形资产和其他长期资产而收回的现金与年初总资产之比来度量，其数据来自国泰安数据中上市公司财务报表中的现金流量报表。

模型中自变量都滞后一期处理，$GROWTH$ 表示公司的成长机会，实证研究中常用的衡量公司成长机会的指标有托宾 Q 和销售增长率。其中，托宾 Q 为公司资产的市场价值与其重置成本之比，考虑到我国资本市场的实际情况，采用销售增长率衡量成长机会可能带来很大偏误，基于稳健考虑，同时选择托宾 Q 作为公司成长机会的变量。负债比率 LEV 为负债总额与总资产之比。$CASH$ 表示公司的现金持有量，用货币资金与短期投资之和与总资产之比来衡量。AGE 表示公司上市年限。公司规模 $SIZE$，用总资产的自然对数表示。RET 表示公司股票回报，以年度股票回报率替代。$INVT_{t-1}$ 表示上期的新增投资支出，由于投资存在长期效应，前期投资支出对本期投资支出影响显著，因此，模型中引入上期投资作为控制变量。与此同时，模型引入行业 $INDU$ 和年度 $YEAR$ 两个哑变量。在模型中，自变量都比被解释变量滞后一期。其具体定义见表 9-1。

表 9-1　　　　　　　　　　　主要变量说明及定义

变量代码	变量名称	解释定义
$INVT$	投资支出	（当期构建固定资产、无形资产和其他资产支付的现金 - 处置固定资产等收到的现金）/总资产
OI	过度投资	模型（1）大于零的回归残差
SUB	政府补贴 SUB	当期政府补贴/总资产
	政府补贴 $LNSUB$	政府补贴金额的自然对数
	政府补贴 SUB_dum	当期是否收到政府补贴
LEV	负债程度	资产负债率
$GROWTH$	成长机会	销售收入增长率
		托宾 Q =（流通股股数 × 每股价格 + 非流通股股数 × 每股净资产 + 负债账面价值）/总资产
FCF	自由现金流	经济活动产生的现金流/总资产
AGE	上市年限	样本公司取值年度减去上市年度
$SIZE$	公司规模	公司资产的自然对数
RET	投资报酬	股票年投资回报率
SOE	控制人性质	如果国有控股取值1，否则为0

变量代码	变量名称	解释定义
AC	代理成本	管理费用率，管理费用与营业收入之比
INDEX	政府干预指数	取之樊纲等编制的市场化指数报告

预期投资模型的回归残差是实际投资额与理想投资额之间的差额，即是非效率投资部分。本书用 *OI* 表示投资过度，残差大于零表示投资过度，参姜付秀（2009）、唐雪松（2010）和理查森（2006）等相关研究，建立本书的假设检验模型：

$$OI_{t+1} = \beta_0 + \beta_1 SUB + \beta_I \sum CONTROL + INDU + YEAR + \eta \qquad (9.2)$$

模型（6.2）为公司投资支出模型。其中，被解释变量 *OI* 为预期投资模型（6.1）的大于零残差，关键解释变量为 *SUB*，其他控制变量均滞后一期处理。模型（6.2）模型中自变量也滞后一期处理，*SUB* 表示公司收到的政府补贴，同时以连两个变量来刻画，*SUB_dum* 哑变量刻画上市公司是否收到政府补贴，*SUB* 刻画政府补贴力度，考虑到不同规模的公司，相同数量的政府补贴产生的效果完全不同，因此本书以公司总资产标准化以消除资产规模的影响。文章后面部分需要对样本按性质分组，因此定义 *SOE* 表示产权属性，国有控股定义为1，非国有控股定义为0。除前述假设中所涉及的政府干预、政府控制外，根据有关文献，解释公司非效率投资的主要理论有自由现金流假说和代理理论，因此本书选择的控制变量还包括经理与股东之间的代理冲突即代理成本，主要用公司管理费用率（*AC*）来衡量和自由现金流（*FCF*）来刻画。

第四节　实证检验结果与分析

在这一部分，本书首先报告有关变量的描述性统计结果和相关系数，其次报告政府补贴与公司投资支出之间的回归结果，然后报告预期投资模型回归结果，以此度量非效率投资，接着检验非效率投资与政府补贴之间的关系，最后是稳健性检验部分。

一、描述性统计和相关性分析

表 9 - 2 列示了主要研究变量的描述性统计结果。从几年的数据统计看，从未收到政府补贴的公司极少。SUB_DUM 的均值为 0.82，表明政府补贴情况相当普遍，几乎大部分公司都或多或少收到过政府补贴，政府补贴覆盖广泛，而且政策的连续性强，很多公司多年连续收到政府补贴，且保持稳定增长。从投资支出（$INVT$）看，上市公司的平均投资支出约占总资产的 8%，但标准差 0.11 较大，表明不同上市公司之间的投资支出水平差异显著。表 9 - 3 是主要变量的相关性分析。可以看到投资支出 $INVT$ 和政府补贴 SUB 显著正相关，初步支持了本章的假设 1。

表 9 - 2   主要变量的描述统计分析

变量	样本数	极小值	极大值	均值	标准差
$INVT$	7796	0.0003	0.230	0.080	0.112
SUB_DUM	7796	0.0000	1.000	0.820	0.388
$SIZE$	7796	14.1080	28.280	21.608	1.264
$GROWTH$	7796	-0.4080	2.154	0.259	0.596
AC	7796	0.0180	0.221	0.081	0.053
LEV	7796	0.0920	0.791	0.453	0.204
ROA	7796	-0.0300	0.142	0.048	0.042
$TobinQ$	7796	0.9440	4.180	1.840	0.864

表 9 - 3   主要变量的相关性分析

Var	$INVT$	SUB	AC	RET	FCF	LEV	$SIZE$	AGE
$INVT$	1	0.086 **	-0.053 **	0.250 **	0.232 **	-0.175 **	0.007	-0.328 **
SUB	0.063 **	0.334 **	0.118 **	0.109 **	0.021	-0.132 **	-0.130 **	-0.162 **
AC	-0.053 **	-0.029 *	1	-0.002	0.027 *	-0.291 **	-0.372 **	0.000
RET	0.250 **	0.045 **	-0.002	1	0.373 **	-0.399 **	-0.034 **	-0.254 **
LEV	0.232 **	0.003	0.027 *	0.373 **	1	-0.135 **	0.016	-0.047 **
$SIZE$	0.007	0.054 **	-0.372 **	-0.034 **	0.016	0.375 **	1	0.204 **
AGE	-0.328 **	-0.128 **	0.000	-0.254 **	-0.047 **	0.407 **	0.204 **	1

注：** 在 0.01 水平（双侧）上显著相关，* 在 0.05 水平（双侧）上显著相关。

二、投资支出与政府补贴回归结果及分析

本章首先检验收政府补贴对公司投资支出的影响，为防止异方差问题，采用 *robust* 稳健回归的方法处理，表 9 - 4 报告了回归结果。模型（6.1）单独引入解释变量 *SUB*，不加任何控制变量，政府补贴 *SUB* 的系数为 0.024，显著性水平为 10%，说明政府补贴强度越大，公司投资支出水平越高；模型（6.2）是加入变量资产负债（*LEV*）、程度现金持有（*FCF*）、投资回报（*RET*）以及外部环境变量政府干预指数（*INDEX*）等控制变量后的回归结果，*SUB* 的系数仍然在 10% 水平上显著，回归结果证实政府补贴对公司的投资支出存在显著影响，综合来说，政府补贴强度越大，公司的投资支出水平越高，假设 1 得到支持。政府干预是负向指标，其指数越大，表示政府干预程度越小，政府干预指数（*INDEX*）回归系数显著为负，表明政府干预程度越大，公司投资支出水平越高，与辛清泉等（2007）、程仲鸣，余明桂等（2008）的研究结果一致。由于产权性质不同的企业与政府关系存在天然的差别，政府补贴对不同性质企业投资影响方式可能迥异，因此，本书将样本分成国有和民营两组样本回归，以考察检验二者是否存在差异。表 9 - 4 报告了回归结果，结果显示民营公司的政府补贴对投资支出影响程度在 5% 水平显著为正，而国有公司政府补贴对投资支出的系数虽为正，但并不显著，表明民营公司相比于国有公司而言，其投资支出对政府补贴的敏感性更强，支持了假设 3b。由此可以看出，单从政府补贴角度看，政府补贴国有公司的投资激励作用并不明显，国有公司收到了大量政府补贴，却并没有相应的大幅度增加投资支出，显示了产权差异对于政府补贴发挥投资激励效用的不同效果。政府对国有上市公司可以通过其他干预方式来实现投资激励意图，如通过银行信贷和政府采购等，而非国有公司则可能无法获得这些资源，政府补贴对于非国有公司发挥投资激励的效用更强。

表 9 - 4　　　　　　　　　政府补贴与投资支出的回归结果

变量	（1）全样本	（2）全样本	（3）国有	（4）民营
	INVT	*INVT*	*INVT*	*INVT*
SUB	0.240 * （2.43）	0.198 * （2.02）	0.336 （1.22）	0.540 ** （3.02）

变量	（1）全样本	（2）全样本	（3）国有	（4）民营
	INVT	INVT	INVT	INVT
LEV		−0.00488*** （−3.73）	−0.0378*** （−6.12）	−0.0264*** （−5.99）
FCF		0.109*** （12.26）	0.118*** （11.78）	0.0767*** （5.24）
SIZE		−0.00123 （−1.30）	0.00852*** （8.57）	−0.00666** （−3.29）
RET		0.00590** （3.28）	−0.00806*** （−3.61）	0.0597*** （5.77）
INDEX		−0.00274*** （−4.77）	−0.00573*** （−8.85）	−0.00260** （−2.72）
INDU	控制	控制	控制	控制
YEAR	控制	控制	控制	控制
_cons	0.0743*** （57.35）	0.122*** （5.75）	−0.0585** （−2.69）	0.251*** （5.78）

注：$*p<0.05$，$**p<0.01$，$***p<0.001$，括号内为 T 值。

三、分样本的进一步测试

企业的成长发展与所处地区的经济发展程度和市场环境密切相关，市场环境可能影响公司的投资支出，因此，各地区的市场化程度和经济发展质量在这一过程中可能发挥作用，为解决这个问题，本书以有关变量中位数为标准将总样本划分为政府干预程度高和低以及经济增长增速高和低等几组子样本，分别考察两组子样本中政府补贴对投资支出的影响，表9−5报告了检验结果。

表9−5　　　　　　投资支出模型的分组回归结果

变量	（1）干预低	（2）干预高	（3）增速高	（4）增速低
	reg1	reg2	reg3	reg4
SUB	0.6714* （1.82）	0.7724** （2.79）	0.2928 （0.86）	1.0016** （3.00）

变量	（1）干预低	（2）干预高	（3）增速高	（4）增速低
	reg1	reg2	reg3	reg4
LEV	－0.0002 （－0.27）	－0.0258 *** （－3.60）	－0.0011 （－1.22）	－0.0188 ** （－3.08）
FCF	0.0190 *** （4.25）	0.0016 （0.80）	0.0049 * （2.35）	0.0113 * （2.19）
SIZE	0.0053 *** （3.61）	0.0015 （1.22）	－0.0043 ** （－2.67）	0.0067 *** （6.12）
RET	－0.0309 *** （－6.20）	－0.0228 *** （－5.38）	－0.0353 *** （－6.44）	－0.0219 *** （－5.32）
INDU	控制	控制	控制	控制
YEAR	控制	控制	控制	控制
_cons	－0.0359 （－1.10）	0.0559 * （2.11）	0.1741 *** （4.88）	－0.0616 * （－2.56）
N	7796	7796	7796	7796
R^2	0.0229	0.0515	0.0371	0.0346
F	17.4043	30.4302	24.9258	20.0129
P	0.0000	0.0000	0.0000	0.0000

注：$*p<0.05$，$**p<0.01$，$***p<0.001$，括号内为 T 值。

表9-5（1）列和（2）列分别列示了政府干预程度不同的子样本的回归结果，解释变量 SUB 的回归系数都在统计上显著，表明不论政府干预程度高还是低，本书检验的政府补贴对公司投资支出都会产生影响，政府补贴确实能鼓励公司扩大投资，回归结果支持程仲鸣、夏新平、余明桂（2008），张洪辉、王宗军（2010）等的研究。两组子样本中，干预程度高的样本组解释变量 SUB 系数更大，表明政府干预程度越大，投资支出越高，政府补贴这只直接"干预之手"作用越明显。

表9-5（3）列和（4）列示了经济增速高低两组样本的回归结果。经济增长低增速子样本组解释变量 LNSUB 的系数显著为正，而经济增长高增速子样本组的 SUB 的系数统计上不显著，这表明经济增长速度慢的地区，地方政府更加依赖所在地企业投资拉动经济增长，也就是说，在地区经济发展缓慢的地

区，地方政府干预经济的驱动更强。

四、预期投资模型回归结果及分析

表 9 - 6 列示了预期投资模型的回归结果，*reg*1 和 *reg*2 分别是使用销售增长率和托宾 Q 值来度量投资机会的回归结果。回归结果表明公司负债率与投资支出显著负相关，说明债务具有投资约束功能；*AGE* 和投资支出也显著负相关，说明上市时间越长投资支出越低，原因在于上市时间越长，公司发展阶段为成熟阶段或衰退阶段的概率越高，投资支出自然会越少（Chen et al.，2011）。其他变量包括公司规模、持有现金和投资回报等的回归系数均显著为正数，预期投资的回归结果与张洪辉（2010）、唐雪松等（2010）的研究一致。

表 9 - 6　　　　　　　　　　　预期投资模型的回归结果

变量	*reg*1	*reg*2
AGE	- 0.00193 *** (- 8.82)	- 0.00184 *** (- 7.70)
LEV	- 0.0109 *** (- 4.06)	- 0.00764 * (- 2.11)
FCF	0.0150 (1.76)	0.0241 ** (2.64)
GROWTH	0.00225 *** (4.12)	- 0.00002 (- 1.29)
SIZE	0.00119 (1.20)	0.0003 (0.31)
RET	0.00613 *** (3.30)	- 0.00009 (- 0.05)
INVT	0.318 *** (31.88)	0.306 *** (29.13)
_cons	0.0326 (1.48)	0.0561 ** (2.62)

注：$* p < 0.05$，$** p < 0.01$，$*** p < 0.001$，括号内为 T 值。

五、非效率投资与政府补贴回归结果及分析

代理问题对投资效率具有重要影响，因此本书在投资效率模型中增加了管理费用率 AC 作为控制变量。被解释变量为预期投资模型的残差大于 0 的投资过度 OI，为了研究政府补贴对其影响，解释变量还引用了 LNSUB，即对政府补贴金额取自然对数，以观测政府补贴数额对过度投资的影响程度。表 9 - 7 报告了模型的回归结果，结果显示，不论是以 SUB 还是 LNSUB 来刻画政府补贴变量，投资过度（OI）都与政府补贴（SUB、LNSUB）呈显著的正相关关系，支持了假设 2，也就是说政府补贴刺激了公司投资，容易产生投资过度问题。

表 9 - 7 投资效率模型的回归结果

T 变量	reg1	reg2
SUB	0.2949 * (1.82)	
LNSUB		0.0003 ** (2.57)
LEV	- 0.0158 *** (- 3.20)	- 0.0156 *** (- 3.15)
AC	0.0527 *** (3.25)	- 0.0574 *** (3.56)
ROA	0.0049 (0.21)	- 0.0029 (0.13)
GROWTH	0.0054 *** (5.34)	0.0052 *** (5.19)
_cons	0.0652 *** (15.52)	0.0686 *** (15.26)
N	3372	3372
R^2	0.0435	0.0446
F	19.0985	19.5906
P	0.0000	0.0000

注：$*p < 0.05$，$**p < 0.01$，$***p < 0.001$，括号内数值报告是 T 值。

六、进一步研究

前面研究了投资效率与政府补贴之间的关系，发现政府补贴促使公司增加了投资支出，但同时表现为投资的非效率，呈"高投资、低效率"特点，从投资效率角度说明政府补贴是低效的，那么接下来需要进一步研究的是：政府补贴是否降低了公司价值？如果答案是肯定的，那么就有证据表明我国政府补贴对提高公司长期业绩成效不明显。为此，本书采用如下的回归模型，进一步分析研究：政府补贴是否给公司带来负面影响，对公司价值影响如何？本书建立以下公司价值模型考察这一问题：

$$TobinQ_t = \alpha_0 + \alpha_1 SUB_{t-1} + \alpha_2 ROA_{t-1} + \alpha_3 LEV_{t-1} + \alpha_4 FCF_{t-1} + \alpha_5 SIZE_{t-1}$$
$$+ \alpha_6 GROWTH_{t-1} + \alpha_7 TobinQ_{t-1} + \xi \tag{9.3}$$

借鉴夏立军、方轶强（2005）、Lenox（2006）等的研究，模型中设置了负债状况（LEV）、盈利能力（ROA）、公司规模（$SIZE$）、现金流状况（FCF）、成长性（$GROWTH$）、上期 $TobinQ$ 以及行业年度等控制变量，变量都滞后一期。

表 9-8 报告了价值模型的回归结果。被解释变量为 $TobinQ$，解释变量分别为公司是否收到政府补贴（SUB_dum）和政府补贴金额（$LNSUB$ 取自然对数）。总体上，政府补贴系数都显著为负（过度投资组接近显著），说明政府补贴并没有实现企业价值的提升，与唐清泉、罗党论（2007）和逯东等（2010）的研究一致。竞争能力是公司获利能力的源泉和保障，政府补贴未必能提高公司自身竞争能力，政府补贴向市场传达的可能是一种负面信号，即收到补贴更多的公司其盈利能力反而值得怀疑。研究结论表明，就公司投资激励视角而言，政府补贴并没有提高公司价值，政府补贴与投资非效率关系显著，政府补贴是低效的。

表 9-8　　　　　　　　　公司价值模型的回归结果

变量	全样本	全样本	投资过度组	投资过度组
VAR	$reg1$	$reg2$	$reg3$	$reg4$
SUB_dum	0.1363 *** （3.68）		0.1678 *** （2.64）	

变量	全样本	全样本	投资过度组	投资过度组
VAR	*reg*1	*reg*2	*reg*3	*reg*4
LNSUB		0.0098*** (4.26)		0.0118*** (3.01)
ROA	2.4458*** (8.67)	2.4274*** (8.60)	2.9171*** (5.95)	2.8996*** (5.91)
LEV	0.1438* (1.84)	0.1448* (1.85)	0.1575 (1.23)	0.1606 (1.25)
SIZE	−0.2885*** (−23.77)	−0.2950*** (−23.97)	−0.2888*** (−14.90)	−0.2972*** (−15.05)
FCF	1.5235*** (9.35)	1.5264*** (9.38)	1.9151*** (7.19)	1.9133*** (7.19)
$TobinQt-1$	0.4459*** (27.44)	0.4452*** (27.42)	0.4467*** (17.07)	0.4461*** (17.06)
_cons	6.9345*** (26.30)	7.0624*** (26.81)	6.8819*** (16.27)	7.0493*** (16.66)
R^2	0.3267	0.3273	0.3380	0.3386
F	370.6446	371.6242	146.9479	147.3947
P	0.0000	0.0000	0.0000	0.0000

注：括号内为 t 值，$*p<0.05$，$**p<0.01$，$***p<0.001$。

七、稳健性测试

（1）从本研究要解决的问题来看，主要涉及政府补贴和公司投资支出两个变量，这两个变量之间可能存在因果关系。例如，公司投资增加可能有来自政府补贴的刺激，而同时公司投资的增加和规模的扩张又可能反过来促使政府进一步增加对公司的补助。罗党论（2007），包群、邵敏（2012），施炳展（2012）等的研究表明，政府补贴是一个内生变量，受公司性质、业绩、规模、成长性、行业特征等因素的影响，而且政府补贴和公司投资行为可能相互影响，所以本书构建下列联立方程模型来控制内生性进行稳健性测试，本书建立的联立方程如下：

$$INVT_t = \alpha_0 + \alpha_1 SUB_{t-1} + \alpha_2 LEV_{t-1} + \alpha_3 FCF_{t-1} + \alpha_4 SIZE_{t-1}$$

$$+ \alpha_5 ROA_{t-1} + \alpha_6 DDPGROW_{t-1} + \sum INDU + \sum YEAR + \xi$$

$$SUB_t = \beta_0 + \beta_1 INVT_{t-1} + \beta_2 LEV_{t-1} + \beta_3 FCF_{t-1} + \beta_4 SIZE_{t-1} + \beta_5 ROA_{t-1}$$

$$+ \beta_6 GDPGROW_{t-1} + \sum INDU + \sum YEAR + \psi \qquad (9.4)$$

其中第一个是投资支出方程，变量定义同模型（1）；第二个方程为政府补贴决定方程，自变量包括资产负债程度、现金持有、公司规模、投资回报以及外生的经济增长增长率。本书采用三阶段最小二乘法（3SLS）对上述方程组进行了回归分析。表 9 - 9 回归结果表明政府补贴与公司投资之间存在相互影响。一方面，政府补贴强度越高，公司的投资支出越多；另一方面，公司投资支出越多，政府补贴也越高。说明本书假设检验是稳健的。

表 9 - 9　　　　　　政府补贴和公司投资的联立方程回归结果

变量	(1)	(2)
	INVT	SUB
SUB	1.091*** (4.14)	
INVT		0.00277* (2.20)
LEV	- 0.0390*** (- 5.14)	0.00141 (1.70)
FCF	0.000 (0.87)	0.000 (0.12)
GROWTH	- 0.0000217 (- 1.26)	0.0000005 (0.28)
SIZE	0.0056*** (5.11)	- 0.0006*** (- 5.27)
ROA	0.251*** (7.53)	0.0137*** (3.76)
_cons	- 0.0623** (- 2.65)	0.0184*** (7.21)
$Ad - R^2$	0.0263	0.007

变量	(1)	(2)
	INVT	*SUB*
P	0.000	0.0000
N	7796	7796

注：$*p<0.05$，$**p<0.01$，$***p<0.001$，括号内为 *T* 值。

（2）理查森（2006）模型用残差衡量投资过度和投资不足，正常投资样本公司极少，这似乎预示模型估计可能存在系统性偏差。为了克服影响，使结论更加稳健，借鉴辛清泉等（2007）的做法，将预期投资模型的残差按分位数等分成三组，取残差最大的一组和残差最小的一组分别作为投资过度和投资不足的替代，然后再使用投资效率联立模型重新回归分析[17]。回归结果与前文的结论没有实质性差异，说明本书的研究结论较稳健。

第五节　本章小结

众多研究文献表明，在转型市场中，政府干预对企业的经营具有重要的影响，按照这一逻辑，政府补贴对公司投资行为就应该存在重要的影响。然而截至目前，却鲜有研究关注政府补贴对微观企业行为影响的研究，因此本书遵循从企业的经济后果分析和理解政府行为基本逻辑，以企业投资及效率为视角，观察政府补贴对公司过度投资的影响，从而希望能在政府补贴对企业微观行为影响的方面做一些尝试，弥补现有文献的缺失。

本章主要对政府补贴与公司投资的关系进行理论分析与实证检验，并对可能的作用机制给予初步探讨。本书从投资激励以及投资效率角度，以 2007 ~ 2012 年资本市场 A 股上市公司为样本，研究政府补贴对公司投资支出及效率的影响。研究发现：（1）总体上政府补贴激励了上市公司投资的积极性，政府补贴越多，公司投资支出越高，政府补贴对非国有公司投资激励比国有公司更敏感，产权差异影响政府补贴的配置效率；（2）各地区市场化程度和经济增长业绩水平显著影响政府补贴的投资，市场化程度越低、地区经济增长业绩越缓慢的地区，政府补贴对公司投资支出影响程度越大；（3）上市公司非效率投资问题突出，对于投资支出较大的公司，政府补贴加剧了其过度投资。

　　本章主要研究结论的政策启示是：政府补贴扭曲了公司投资，补助促使公司扩大投资，其结果导致低效率和不公平的市场竞争；政府补贴作为上市公司的政策红利刺激投资的作用虽然仍在发挥作用，但是容易导致公司的过度投资行为，影响公司的价值，说明政府补贴的政策资源配置的低效率问题比较突出。因此，政府制定政策需要考虑到微观企业主体的差异性，否则会影响政策的实施效果。

第十章

研究结论、政策建议与研究展望

第一节　主要研究结论

本书研究了政府补贴对上市公司投资的影响，来考察政府补贴的政策效应，主要行文思路和研究内容是：先回顾了国内外关于政府补贴问题的研究文献，梳理了政府补贴有关理论问题，并根据对我国上市公司政府补贴现状的分析，将本书研究焦点主要集中于政府补贴的政策效应，从我国的政治经济环境角度研究了上市公司政府补贴的影响因素，进而从政府补贴对公司投资的影响角度来研究政府补贴的政策效应，着重研究了政府补贴对公司资本投向的影响，以及政府补贴是否导致企业投资过度行为。

从政府补贴影响企业投资方向这一视角，深入阐释了政府补贴影响企业投资方向的机制及其后果，丰富了政府补贴与企业投资关系研究的文献，有助于更准确地理解和把握政府补贴对企业投资影响的微观作用机制。

通过本书的研究，得到以下基本结论。

（1）本书研究发现，金融危机爆发后政府给予上市公司的补贴呈现猛增现象并保持逐年增长，其中有些上市公司收到的政府补贴金额达二十多亿元；从行业分布来看，在政府补贴总额最多的前五大行业中，政府更倾向于补贴公共服务类上市公司，反映了各级政府对一些提供公共服务的上市公司因为承担的社会目标予以补偿；从政府补贴的地区分布看，政府补贴明显取决于地方政府的财政状况和经济发展水平，虽然西部地区政府对上市公司的扶持力度在逐步加大，但是增长幅度并不明显，且低于东部地区，原因在于西部地区总体上财政实力有限，地方政府无更多的财政补贴当地公司，这无疑会进一步加剧区域经济发展的不平衡，造成贫者愈贫、富者愈富；从公司性质方面看，政府对民营公司的政府补贴力度也开始大幅上升，但相比之下，政府补贴的重点还是国有公司；ST 公司获得的政府补贴和其他公司收到的政府补贴并没有显著差异，说明帮助公司保壳并不是此轮政府补贴的主要原因。

（2）文章从我国制度环境出发分析了政府补贴的影响因素，研究发现，财政分权对于政府补贴影响显著，具体说，财政分权度越高，地方政府给予所在国有公司的补助越多，与此相对应，财政分权度越高，地方政府给予民营公司的补助越少，表明政府补贴存在不公平现象；研究发现，公司与政府建立的关系虽然能够有助于公司获得政府补贴，但更能起作用的是公司通过实实在在的寻租行动来影响政府补贴的决策，从而获取更多的补助，这意味着政府补贴决策中要充分考虑公司的寻租行为，避免由此带来的政府补贴失衡。

（3）遵循从公司的经济后果分析和理解政府行为基本逻辑，本书以公司投资及其效率为视角，观察政府补贴对公司投资效率的影响，研究政府补贴对公司投资支出及效率的影响。研究发现：政府补贴激励了上市公司投资的积极性，政府补贴越多，公司资本投资越高，政府补贴对非国有公司投资激励比国有公司更敏感，产权差异影响政府补贴的配置效率；各地区市场化程度和经济增长业绩水平显著影响政府补贴的投资，市场化程度越低、地区经济增长业绩越缓慢的地区，政府补贴对公司投资支出影响程度越大；上市公司非效率投资问题突出，政府补贴加剧了其过度投资；政府补贴不能提升公司价值；从投资效率角度看，政府补贴是低效的。

（4）本书探讨了政府补贴在引导公司资本投向方面的影响，研究发现，政府补贴显著影响了公司的投资方向，具体说，政府补贴一方面刺激了公司扩大固定资产投资水平，另一方面在可供利用的资源有限的条件下，导致公司对外投资水平显著下降，表明公司为扩大对内投资而挤占了对外投资；经济增长的相对业绩显著影响了政府补贴和固定资产投资的正向关系，GDP 增长速度越快的地区，上述正相关关系显著减弱；这一定程度上解释了我国固定资产增长过快的原因，也阻碍了经济增长由量到质的转变。

第二节　政　策　建　议

本书从制度环境政府补贴投资效应角度来研究政府补贴问题，研究表明，政府补贴更多地承载了政府干预企业的政策意图。基于目前的政府政绩考核机制，上市公司政府补贴主要体现了政府政绩追求的特点，单纯追求经济增长是其主要特色，其结果是干扰了上市公司的投资行为，反而不利于上市公司价值提升，甚至损害公司价值。在资本市场中，政府补贴行为对市场来说就是利好，对收到补助的上市公司来说，提高了企业的利润水平，获得了额外的资金支持。但实际上，本书研究表明，由于多种因素的影响，我国政府补贴引起了很多质疑，也不利于上市公司构建核心竞争力。

政府补贴是地方政府"促投资、谋增长"的政策工具。现阶段职务晋升激励机制和经济分权改革导致了各级政府的投资冲动，地方政府以补助的方式引导企业投资，企业也配合了政府的经济增长需求"主动调整"投资方向。

各级地方政府要引导政府补贴发挥积极作用，减少政府补贴的负面影响，在市场调节与政府干预中合理找到平衡点。

因此，本书提出以下政策建议：

一、规范政企关系，构建和谐公平的市场环境

由于市场失灵，政府本身可以选择参与市场经济运行，促进经济协调发展。但是，政府干预矫正市场失灵需要把握合理程度，否则会适得其反。如果有关的制度和法治不够完善，政府干预常常引致企业的寻租行为，反而不利于提高市场资源配置效率。

从地方政府角度看，对于一些陷入暂时困难的企业提供政府补贴，能够帮助企业摆脱当前的困境，改善企业所处的环境，提高企业的效益，而企业渡过难关后会反哺政府，增加地方财政收入，帮助政府解决就业等民生问题。从企业角度看，政府若是干预企业过多，政府补贴经常化有可能形成企业对政府补贴的依赖，导致企业不愿意将精力发在企业经营上，而是想方设法搞好与政府的关系以获取政府补贴，这不利于企业的长远发展。

公平和谐的市场环境从制度上约束企业凭借与政府的关系进行寻租的行为，降低政府决策的随意性，减少官员权力寻租的空间，斩断政企之间双向的寻租行为。

政府发挥作用的空间应该是限制在法律律规范与市场规则允许的范围，政府要遵循市场规律，尽量减少对企业的干预，政府的职责是充当市场裁判，尽可能为企业创造公平、公正、公开的外部环境，构建和维持和谐的市场环境，为企业发展提供良好的制度空间。

从企业角度看，政府补贴能直接增加企业盈余，从而夸大了企业盈利能力，有可能掩盖企业实际存在的问题。经常性的政府补贴甚至助长高管的投机动机和滋生偷懒行为等代理问题，降低企业管理水平，损害企业的持续运营能力。因此，企业要自觉规范自身经营，正确披露政府补贴对收益带来的影响，合理利用补助资金。企业必须要增强自身的核心竞争力，不要依赖政府补贴粉饰盈利，高管只有不断提高管理水平，提升核心竞争力，真正促进企业长远发展，政府补贴才不会成为政府干预企业、干扰企业经营行为的不稳定因素，才能真正推动企业和资本市场的发展。

二、规范政府补贴行为，完善政府补贴决策机制

首先，各级政府要在一定程度上限制政府补贴的范围和力度，否则，政府一味扩大政府补贴的覆盖范围，一方面可能导致地方政府财政收入下降，挤占了政府的社会保障等民生投入，另一方面政府补贴的激励作用也会边际递减。

其次，中央政府应该根据我国各省、区的经济基础、资源禀赋、市场化进程等方面存在的差异，合理划分各地方政府职能和财政转移支付权限。对于政府补贴而言，中央政府可以要求各级地方政府建立专项管理制度，合理规划政府补贴决策制定流程，专款专用，尽力避免企业寻租等外部因素对政府补贴决策的干扰，根据实际需要来做出公正公平的决策，避免决策产生的激励扭曲。

最后，政府制定补助决策应充分考虑各种因素，协调各方关系，基于公司产权和企业特征实行分而治之的策略，一方面，根据政府产业政策目标，政府补贴要能够发挥产业导向功能，合理引导产业规划；另一方面，补贴对象要选择那些补贴能够帮助提高企业价值，实现长期增长的企业。同时，政府补贴政

策制定应当严格谨慎，保证政府补贴决策的公平和补贴政策能真正起到鼓励和扶持作用。

三、完善政府补贴披露制度，建立补贴后监控机制

鉴于政府补贴计入营业外收益，直接增加企业盈利，如果企业通过寻租而获得大量的政府补贴，企业期望以此掩盖企业实际经营绩效不佳的事实，可能使投资者招致不必要的损失。为了提示投资者正确评价企业的业绩，在财务报告体系中可以增加强制性信息披露的要求，如强制要求在会计报表附注中详细披露企业当年获得的政府补贴的原因以及政府补贴预期用途，并及时披露政府补贴对企业业绩的影响程度，让投资者能合理评估企业经营业绩和企业价值，以有利于投资者决策。

要建立政府补贴政策执行监控机制，加强对政府补贴投放企业后使用情况的监管，如果发现企业在使用政府补贴时，存在违规或欺诈行为，可以适时警示甚至取消企业获得政府补贴的资格，优化财政资源配置，维护公平竞争的环境，维护社会的整体利益和长远利益，保护中小投资者的权益。政府提供补贴后监管主要应体现为政府制度监督和资本市场对上市公司的信息披露监管。

四、建立和完善政府补贴使用效率评价制度

为了规范各级政府在补助决策方面的主观随意性，需要建立政府补贴资金使用效率评价制度，核心是如何构建政府补贴资金使用绩效评价系统。这个评价系统首先需要保证政府补贴决策过程的透明和公正，补贴决策的透明度和公正性依赖于相关信息披露制度的规范运作。政府补贴资金绩效评价应是一个综合评价系统，需要一系列的指标体系和评价标准。目前，我国会计准则中并没有详细界定政府补贴信息的披露要求，政府补贴信息披露仅限于利润表中"营业外收入"科目，其具体金额则列示于报表附注中，并且附注中只列出政府补贴的金额，至于企业是如何使用政府补贴等问题并没有进一步的披露。投资者需要自己判断政府补贴使用绩效和对公司业绩的影响程度。现阶段政府补贴会计处理和披露规定无法令公众监控补助的使用绩效，更无法提高预算资金等公共资源效率，投资者也不清楚政府补贴金使用的来龙去脉，整体上不利于构建

公共资金使用的社会监督体系。因此，有必要建立和完善政府补贴的评价指标体系，做好政府补贴的事前审核和论证、事后效率评估，通过建立政府补贴使用效率评价机制，充分发挥政府补贴政策的信号和引导作用。

政府可以效法证券市场的独立审计，建立第三方的资金绩效独立评价机制，通过这样的制度安排，约束政府补贴资金使用，改变不合理的用途，使政府补贴资金真正发挥效益，更高层次上说，也有助于合理的政府财政支出结构构建，避免因盲目和不当的政府补贴决策造成资金浪费的问题。

五、真正改变单纯的以经济增长为导向的政绩考核机制

政绩考核是各级政府官员施政行为的指示器，对政府官员的政策选择和行为规范有决定性影响。单纯的经济增长政绩考核机制产生了地方官员的以经济竞争为主的职务晋升博弈，为了获得职务晋升谋求地区经济增长，政府补贴也演变成为地方政府推动企业投资以实现避免经济下滑和保持经济增长的政策工具。政府补贴更多的是体现了政府追求经济增长的动机，政府通过给予企业补助来引导企业的投资，加剧了我国的投资过度问题和经济的粗放式增长。

因此，要真正还原政府补贴的本来目的，必须改进单纯的以经济增长为导向的政绩考核机制，改变对政府官员的激励和目前各地政府追求业绩显著可见的短平快大项目的弊端。

六、完善与政府补贴相关的准则体系

政府补贴能在一定程度上改善企业的经营状况，提高企业利润水平，促进企业发展从而带动地区经济的提升。但是政府在提供政府补贴决策时还存在一些不规范的行为，想要杜绝这些不规范行为的发生，就需要一个严格完善的体系来规范政府补贴的使用以促进地区稳定、和谐发展。目前，我国准则体系中关于政府补贴的规定还不够详尽，准则中应该详细地解释政府应该选择什么样的企业发放政府补贴，在什么条件下向企业发放政府补贴、以什么方式发放政府补贴以及发放政府补贴的规模，只有把这些问题说明清楚，才能够真正规范政府补贴行为，不让政府在发放补助过程中有空子可钻。此外，还应该建立政府补贴的信息披露平台，在这一平台上，要披露政府补贴的详细情况，政府补

贴发放给了哪些企业，政府补贴以何种形式发放给了企业，企业获得的政府补贴的规模，保证政府补贴相关信息的透明化。信息透明化会很大程度遏制政府不合法不合理行为的出现，而且公众可以在信息披露平台上获取政府补贴的相关信息，也发挥了群众监督的作用，保护了公众自身的利益。

七、投资者要冷静决策、理性投资

由于我国会计准则体系尚不够健全，而上市公司年度财务报告附注中关于政府补贴的披露还不够详尽。投资者不能清楚了解上市公司获得政府补贴的方式和原因，不利于投资者了解政府是如何帮助上市公司的。除此之外，上市公司对政府补贴的会计处理一般是计入"营业外收入"，直接调增当期净利润。为了避免亏损和退市的危机，上市公司往往利用政府补贴进行盈余管理、调控利润。因此，投资者常常受到上市公司财务数据的误导，无法做出客观正确的判断。在这样的情况下，投资者就需要保持冷静的头脑，仔细分析上市公司的财务数据，如果支撑上市公司利润的数据主要来自营业外利润项目中的政府补贴，并且连续几年出现这样的状况，这就说明该上市公司的盈利模式不合理，应理性投资。

第三节　研究局限和展望

本书主要关注在我国制度环境下的政府补贴动机和政策效应。为此，本书从选题、研究设计、研究重点取舍、数据收集处理到成书，收集了大量文献资料，力求全面准确地分析政府补贴对企业行为的影响，并据此提出改进建议其治理。但由于存在多方面限制，本书至少还存在以下局限需要改进：

第一，本书的样本选择仅仅局限于上市公司，仅仅考察政府补贴对上市公司投资行为的影响，而忽略了大量的非上市公司，样本选择可能存在选择性偏差，为保存研究结论的稳健性，使用非上市公司数据来重新研究这一问题，也许是验证本书结论的一个重要内容。

第二，本书侧重研究政府补贴对企业投资行为的影响，以考察政府补贴的政策效果，仅研究了获得政府补贴后对下一年度企业投资的影响，对以后年度的长期效果并未进行研究，因此无法判断政府补贴的长期政策效果是否理想。

第三，本书研究的政府补贴数据来源于财务报表中披露的政府补贴项目。但政府提供企业补贴还有一些是隐含的，例如，政府企业提供的债务担保和债务豁免、为推动企业并购重组而提供特别的扶持等。因此，仅仅研究财务报表中披露的政府补贴，可能存在片面性，政府补贴的研究内容可以更深入一些，这也是可能未来深入研究的思路之一。

第四，地方政府开始重视企业的技术研发，政府加大了对企业的研发提供扶持力度。在政府补贴中有专门的对新技术、新产品等科技研发的补贴，虽然目前关于研发补贴的研究不少，但是，研发补助的数据披露不规范，比如在董事会报告、管理费用中都可能隐含了政府的研发补贴，其数据采集或多或少存在一定问题，如何合理提取政府研发补助数据，以研发补助为切入点来研究对企业的影响，可能也是未来研究的方向之一。

第五，政府补贴提供上市公司额外的资金，是否能缓解企业融资约束，在此情况下，是否影响公司融资行为？这也是未来的研究方向。

第六，本书研究发现，政府补贴能干预企业行为，鼓励企业扩大投资，影响了企业资本投资方向的选择，那么，政府补贴对公司会计政策的选择是否产生影响，也可能是未来研究的新领域。

参 考 文 献

［1］亚瑟·庇古著，何玉长，丁晓钦译．福利经济学［M］．上海，上海财经大学出版社，2009．

［2］李扬．财政补贴经济分析［M］．上海，上海三联书店出版社，1990．

［3］丁菊红，邓可斌．政府偏好、公共品供给与转型中的财政分权［J］．经济研究，2008（7）：78－89．

［4］［美］阿图·埃克斯坦．公共财政学［M］．北京，中国财政经济出版社，1983．

［5］Colin Wren，Miehael Waterson. The Direct Employment effects of Financial Assistance to INDUry［J］. Oxford Economic Papers，1991（43）：116－138．

［6］Bo Carlsson. INDUry Subsidies in Sweden：Macroeconomic Effects and an International Comparison［J］. The Journal of INDUrial Economic，1983（9）：1－23．

［7］Andrei Shleifer，Robert W. Vishny. Political and Firms［J］. The Quarterly Journal of Economics，1994（4）：995－102．

［8］王凤翔，陈柳钦．地方政府为本地竞争性企业提供财政补贴的理性思考［J］．经济研究参考，2006（33）：18－23．

［9］Eckaus R. China's exports，subsidies to state-owned enterprises and the WTO［J］. China Economic Review，2006（17）：1－13．

［10］Ford，R.，Suyker，W.，INDUrial subsidies in the OECD economies［J］. OECDE economic Studies，1990（15）：37－81．

［11］Gerd Sehwartz，Benedict Clements. Government Subsidies［J］. Journal of Economic Sueveys，1999（2）：119－147．

［12］Mansfield. How rapidly does new INDUrial technology leakout［J］. Journal of INDUrial Economics. 1985（34）：217－223．

［13］Xiao Chen，Chi－Wen Jevons Lee，JingLi. ChineseTango：Government Assisted Eamings Management ［J］. JournalofAeeountingandPubliePoliey，2003（12）：1－38.

［14］周勤业，周长青. 非经常性损益对沪市上市公司财务业绩影响研究 ［J］. 上海立信会计学院学报，2005（1）：1－8.

［15］朱松，陈运森. 政府补贴政策、盈余管理动机与上市公司扭亏 ［J］. 中国会计与财务研究，2009（3）：92－140.

［16］唐清泉，罗党论. 政府补贴动机及其效果的实证研究——来自中国 上市公司的经验证据 ［J］，金融研究，2007（6）：149－162.

［17］吕久琴. 政府补贴影响因素的行业和企业特征 ［J］. 上海管理科学，2008（4）：104－110.

［18］刘亚莉，张曼迪，马晓燕. 政府补贴对房地产上市公司绩效的影响 ［J］. 财会月刊，2010（36）：51－54.

［19］孔东民. 市场竞争、产权与政府补贴 ［J］. 经济研究，2013（2）：55－67.

［20］Mian A.，and Khwaja，A．I. Tracing the Impact of Bank Liquidity Shocks：Evidence from an Emerging Market，Working Paper，University of Chicago. 2006.

［21］Charumilind，C.，K ali，R.. Connected Lending：Thailand before the Financial Crisis ［J］. Journal of Business，2006（79）：181－218.

［22］Claessens，S，Fei jen，E. and Laeven，L. Political Connections and Preferential Access to Finance：The Role of Campaign Contributions ［J］. Journal of Financial Economics，2008，88（3）：554－580.

［23］Faccio，M. Politically Connected Firms：Can They Squeeze the State? ［J］. American Economic Review，2006（96）：369－386.

［24］Johnson，S，and Mitton，T. Cronyism and Capital Controls：Evidence from Malaysia ［J］. Journal of Financial Economics，2003（67）：351－382.

［25］CharlesJ. P. Chen，Zengquan Li，Xijia Su. Rent Seeking Incentives，Political Connections and Organizational Structure：Empirical Evidence from Listed Family Firms in China. Working Paper，City University of Hong Kong，2005（12）：1－41.

［26］陈冬华. 地方政府、公司治理与补贴收入——来自我国证券市场的

经验证据 [J]. 财经研究, 2003 (9): 15 - 21.

　　[27] 余明桂, 潘红波. 政治关系、制度环境与民营企业银行贷款 [J].
管理世界, 2008 (8): 9 - 39.

　　[28] 胡旭阳. 民营企业家的政治身份与民营企业的融资便利——以浙江
省民营百强企业为例 [J]. 管理世界, 2006 (5): 107 - 141.

　　[29] 杨瑾淑. 上市公司股权结构与补贴收入关系实证分析 [J]. 中国管
理信息化, 2008 (10): 45 - 47.

　　[30] 潘越, 戴亦一, 李财喜. 政治关联与财务困境公司的政府补贴——
来自中国 ST 公司的经验证据 [J]. 南开管理评论, 2009 (5): 6 - 17.

　　[31] 陈晓, 李静. 地方政府财政行为在提升上市公司业绩中的作用探析
[J]. 会计研究, 2001 (12): 21 - 30.

　　[32] 邵敏, 包群. 地方政府补贴企业行为分析: 扶持强者还是保护弱者?
[J]. 世界经济文汇, 2011 (1): 56 - 72.

　　[33] Beason, R., Weinstein, D. E. GROWTH, Economies of Scale, and
Targeting in Japan (1955 - 1990) [J]. The Review of Economics and Statistics,
1996, 78 (2): 286 - 295.

　　[34] Bergstorm, F. Capital Subsidies and the Performance of Firms. Small Busi-
ness Economics, 2000 (14): 183 - 193

　　[35] Harris. The Employment Creation Effects of Factor Subsidies: Some Esti-
mates for Northern Ireland Manufacturing INDUry 1955 - 1983 [J]. Journal of Re-
gional Science, 1991 (31): 49 - 64.

　　[36] Dimitris Skuras, Kostas Tsekouras, Efthalia Dimara, Dimitris Tzele-
pis. The Effects of Regional Capital Subsidies on Productivity GROWTH: A Case
Study of the Greek Food and Beverage Manufacturing INDUry [J]. Journal of Region-
al Science, 2006, 46 (3): 355 - 368.

　　[37] Sourafel Girma, Eric Strobls. The effect of Government Grants on Plant
LEVel Productivity [J]. Economics Letter, 2007 (94): 439 - 444.

　　[38] Teresa Garcia - Mila, Therese J. McGuire. Do Interregional Transfers Im-
prove the Economic Performance of Poor Regions? The Case of Spain [J]. Interna-
tional Tax and Public Finance, 2001, 8 (3): 281 - 296.

　　[39] Humphries Jr, W. C.. Cash Government Grants vs. Tax Incentives [J].

Forest Landowner, 2003, 62 (9): 50 – 51.

［40］Jenkins, Leicht, Jaynes, A. Do High Technology Policies Work? High Technology INDUry Employment GROWTH in U. S. Metropolitan Areas1988 – 199 ［J］. Social Forces. 2006, 85 (9): 267 – 296.

［41］王燕娜 . 政府补贴的行业公平问题研究［D］湖南大学, 2007.

［42］Tzelepis, Skuras. The Effects of Regional Capital Subsidies on Firm Performance: An Empirical Study ［J］. Journal of Small Business and Enterprise Development, 2004 (11): 121 – 129.

［43］刘浩 . 上市公司政府补贴的会计规范［J］. 证券市场导报, 2002 (7): 38 – 41.

［44］Zhou, Huizhong. Implication of Inter jurisdictional Competition in Transition: The Case of the Chinese Tobacco INDUry［J］. Journal of Comparative Economics, 2001 (3): 158 – 182.

［45］沈晓明, 谭再刚, 伍朝晖 . 补贴政策对农业上市公司的影响与调整［J］. 中国农村经济, 2002 (6): 21 – 23.

［46］邹彩芬, 许家林, 王雅鹏 . 政府财税补贴政策对农业上市公司绩效影响实证分析［J］. 农业经济研究, 2006 (3): 53 – 58.

［47］洪银兴 . 现代财政学［M］. 南京, 南京大学出版社, 1998.

［48］Van Tongeren F. W. Micro simulation of Corporate Response to Investment Subsidies ［J］. Journal of Policy Modeling, 1998, 20 (1): 55 – 75.

［49］Qian Y, Roland G. Federalism and the soft budget constraint ［J］. American Economic Review, 1998, 88 (5): 1143 – 1162.

［50］张维迎, 栗树和 . 地区之间的竞争与中国国有企业的民营化［J］. 经济研究 1998 (12): 13 – 22.

［51］Lin, Justin Yifu and Zhiqiang Liu, Fiscal Decentralization and Economic GROWTH in China ［J］. Economic Development and Cultural Change, 2000 (1): 1 – 21.

［52］Jin, H. , Y. Qian, and B. Weignast, Regional Decentralization and Fiscal Incentives: Federalism, Chinese Style ［J］. Journal of Public Economics, 2005 (89): 1719 – 1742.

［53］张晏, 龚六堂 . 分税制改革、财政分权与中国经济增长［J］. 经济

学（季刊）2005（1）：75－108.

［54］周黎安. 晋升博弈中政府领导干部的激励与合作［J］. 经济研究，2004（6）：33－40.

［55］周黎安. 中国地方官员的晋升锦标赛模式研究［J］. 经济研究，2007（7）：36－50.

［56］周飞舟. 大兴土木：土地财政与地方政府行为［J］. 经济社会体制比较，2010（5）：77－89.

［57］王文剑，覃成林. 地方政府行为与财政分权增长效应的地区性差异——基于经验分析的判断、假说及检验［J］. 管理世界，2008（1）：9－21.

［58］吴文锋，吴冲锋，芮萌. 中国上市公司高管的政府背景与税收优惠［J］. 管理世界，2008（3）：134－142.

［59］安同良，周绍东，皮建才. R&D 补贴对中国企业自主创新的激励效应［J］，经济研究，2009（10）：87－99.

［60］余明桂，回雅甫，潘红波. 政治联系、寻租与地方政府财政政策有效性［J］，经济研究，2010（3）：65－76.

［61］樊纲，王小鲁，朱恒鹏. 中国市场化指数——各地区市场化相对进程 2009 年度报告［M］. 北京：经济科学出版社，2009.

［62］乔宝云. 政府间转移支付与地方财政努力［J］. 管理世界，2006（3）：50－56.

［63］张晏，龚六堂. 分税制改革、财政分权与中国经济增长［J］. 经济学（季刊），2005（10）：75－109.

［64］乔宝云. 中国财政分权与小学义务教育［J］. 中国社会科学，2005（6）37－46.

［65］hang T，Zhou. Fiscal decentralization，public spending，and economic GROWTH in China［J］. Journal of Public Economics，1998（67）：221－240.

［66］Cai Hong bin，Hanming Fang and Lixin Colin Xu. Eat，Drink，Firms，Government：An Investigation of Corruptionfrom Entertainment and Travel Costs of Chinese Firms. NBER Working Paper，No11592.

［67］Fan，J. P.，J. Huang，R. M orck and B. Yeung，2009，/Vert ical Int egrat ion，Inst itutional D et erminants and Impact：Evidence from China0，NBER working paper No. 14650.

［68］杜兴强，陈韫慧，杜颖洁.寻租、政治联系与真实业绩——基于民营上市公司的经验证据［J］.金融研究，2010（10）：135 - 157.

［69］Krueger, A. The Political Economy of the Rent2Seeking Society［J］. American Economic Review, 1974, 64（3）：291 - 303.

［70］Shleifer, A. and R. Vishny. Politicians and Firms［J］. Quarterly Journal of Economics, 1994, 109（4）：995 - 1025.

［71］Hellman, J, G. Jones and D. Kaufmann. Seize the State, Seize the Day：State Capture, Corruption and Influence in Transition［J］. Journal of Comparative Economics, 2003, 31（4）：751 - 773.

［72］Faccio, M. Politically Connected Firms, American Economic Review［J］. 2006, 96（1）：369 - 386.

［73］Akai, N. and M. Sakata. Fiscal decentralization contributes to economic GROWTH：Evidence from state - LEVel cross-section date for the United States［J］. Journal of Urban Economics, 2002（52），93 - 108.

［74］Lee, JongW. Govemment Interventions and Productivity GROWTH［J］. Joumal of Economic GROWTH, 1996（5）：2 - 33.

［75］Patrick Dever Jr. Reforming Subsidies in the Federal Budget［J］. Federal Subsidy Reform, 2008, 5（35）：854 - 878.

［76］Matthias Almus and Dirk Czanitz. . The Effects of Public R&D Subsidies on Firms' Innovation Activities：The case of Eastern Germany［J］. Journal of Business & Eeonomic Statistis, 2003（4）：226 - 236.

［77］张维迎.企业寻求政府支持的成本、收益分析［J］.新西部，2001（8）：55 - 56.

［78］陈林，朱卫平.出口退税和创新补贴政策效应研究［J］.经济研究，2008（11）：74 - 87.

［79］张军.中国经济发展：为增长而竞争［J］.世界经济文汇，2005（4）：101 - 105.

［80］Li H, L Meng, Q Wang and L Zhou. Political Connections, Financing and Firm Performance：Evidence from Chinese PrivateFirms［J］. Journal of Development Economics, 2008, 87（2）：283 - 299.

［81］魏明海，柳建华.国企分红、治理因素和过度投资［J］.管理世界，

2007（4）：88 - 95.

[82] 谭劲松. 政府干预与不良贷款 [J]. 管理世界，2012（7）：29 - 43.

[83] 步丹璐，郁智. 政府补贴给了谁：分布特征实证分析 [J]. 财政研究，2012（8）：58 - 63.

[84] 郝颖，刘星. 政府干预、资本投向与结构效率 [J]. 管理科学学报，2011（4）：52 - 73.

[85] Matthew AShapiro. The Political Economy of R&D Collaboration：Micro - and - M acro - LEVel Implication [D]. Los Angeles University of Southern California，2008.

[86] 王永钦. 大转型：互联的关系型合约理论与中国奇迹 [M]. 上海三联书店，上海人民出版社，2009.

[87] 周中胜，罗正英. 财政分权、利益输送与企业现金股利政策 [J]. 经济管理，2011（1）：1 - 8.

[88] 姜付秀，伊志宏，苏飞，黄磊. 管理者特征与企业过度投资行为研究 [J]. 管理世界，2009（1）：88 - 95.

[89] Heckman，J. J. Sample Selection Bias As a Selection Error [J]. Econometrica，1979，47（1）：61 - 153.

[90] 林毅夫，李志赟. 政策性负担、道德风险与预算软约束 [J]. 经济研究，2004（2）：17 - 27.

[91] Sonjia opper，sonia M. L. wong. Shareholding structure，depoliticization and firm

[92] performance：Lessons from China's listed firms [J]. Economics of Transition，2004，（12）：29 - 66.

[93] Richardson. Over-investment of Free Cash Flow [J]. Review of Accounting Studies，2006，11（5）：159 - 189.

[94] 魏明海，柳建华. 国企分红、治理因素与过度投资 [J]. 管理世界，2007（4）：88 - 95.

[95] 唐雪松，周晓苏，马如静. 上市公司过度投资行为及其制约机制的实证研究 [J]. 会计研究，2007（7）：44 - 53.

[96] 李维安，姜涛. 公司治理与企业过度投资行为研究：来自中国上市公司的数据 [J]. 财贸经济，2007（12）：56 - 61.

［97］程仲鸣，夏新平，余明桂. 政府干预、金字塔结构与地方国有上市公司投资 ［J］. 管理世界，2008（9）：37 - 47.

［98］潘红波，夏新平，余明桂. 政府干预、政治关联与地方国有企业并购 ［J］. 经济研究，2008（4）：41 - 52.

［99］张洪辉，王宗军. 政府干预、政府目标与国有上市公司的过度投资 ［J］. 南开管理评论，2010（3）：101 - 108.

［100］张功富，宋献中. 我国上市公司投资：过度还是不足？——基于沪深工业类上市公司非效率投资的实证度量 ［J］. 会计研究，2009（5）：69 - 77.

［101］周伟贤：投资过度还是投资不足——基于 A 股上市公司的经验证据 ［J］. 中国工业经济，2010（9）：151 - 160.

［102］周春梅. 国有上市公司投资行为异化：投资过度抑或投资不足——基于政府干预角度的实证研究 ［J］. 宏观经济研究，2011（11）：57 - 64.

［103］何源，白莹，文翘. 财政补贴、税收与公司投资行为 ［J］. 财经问题研究，2006（6）：54 - 58.

［104］Bernini C，PellegriniG. How Are GROWTH and Productivity in Private Firms Affected by Public Subsidy? Evidence from a Regional Policy ［J］. Regional Science and Urban Economics，2011，41（3）：253 - 265.

［105］罗党论，唐清泉. 政治关系、社会资本与政策资源获取：来自中国民营上市公司的经验证据 ［J］. 世界经济，2009（7）：84 - 96.

［106］安同良，周绍东，皮建才. R&D 补贴对中国企业自主创新的激励效应 ［J］. 经济研究，2009（10）：87 - 99.

［107］樊琦，韩民春. 政府 R&D 补贴对国家及区域自主创新产出影响绩效研究——基于中国 28 个省域面板数据的实证分析 ［J］. 管理工程学报，2011（3）：183 - 189.

［108］李向东，李南，白俊红，谢忠秋. 高技术产业研发创新效率分析 ［J］. 中国软科学，2011（2）：52 - 61.

［109］Shleifer，A.，andVishny，R. W. A Survey of Corporate Governance ［J］. Journal of Finance，1997，5（2）：737 - 783.

［110］贾俊雪，郭庆旺. 资本性支出分权、公共资本投资构成与经济增长 ［J］. 经济研究，2006（12）：47 - 58.

［111］Stulz，R，M. Managerial discretion and Optional Financing Policies ［J］.

Joutnal of Financial ecnmonics, 1990, 26 (1): 3 – 27.

[112] Boycko, M., Shleifer, A. and Vishny, W. A. Theory of Privatisation [J]. Economic Journal 1996 (106): 309 – 319.

[113] Blanchard O, Shleifer A. Federalism with and without political centralization [R]. China versus Russia, working paper, 2000.

[114] 夏立军. 政府控制、治理环境与公司价值——来自中国证券市场的经验证据 [J]. 经济研究, 2005 (5): 40 – 51.

[115] 辛清泉, 林斌, 王彦超. 政府控制、经理薪酬与资本投资 [J]. 经济研究, 2007 (8): 110 – 122.

[116] Girma S, Cong Y, G rg H. Yu Z. Can productionsubsidies foster export activity? Evidence from Chinese firm – LEVel data [R]. CEPR Discussion Paper, No. 6052, 2007.

[117] Lin, Justin Y, Cai, Fang, and Li, Zhou. Competition, policy burdens, and state-owned enterprise reform [J]. American Economic Review, 1998 (5): 422 – 427.

[118] Brandt, L., Li, H., Bank Discrimination in Transition Economies: Ideology, Information or Incentives? [J]. Journal of ComparativeEconomics, 2003 (31): 387 – 413.

[119] Fazzari, S. M, Hubbard, R. G, Petersen, B. Financing Constraints and Corporate Investment. Brooking Papers on Economic Activity, 1988.

[120] Aivazian, V. A, Geb Ying, Qiu Jiaping. The Impact of LEVerage on Firm Investment: Canadian Evidence [J]. Journal of Corporate Finance, 2005 (11): 277 – 291.

[121] LoughranT, Ritter J R. The New Issue Puzzle [J]. Journal of Finance, 1995 (50): 23 – 51.

[122] 姚明安, 孔莹. 财务杠杆对企业投资的影响——股权集中背景下的经验研究 [J]. 会计研究, 2008 (5): 33 – 41.

[123] 唐雪松, 周晓苏, 马如静. 上市公司过度投资行为及其制约机制的实证研究 [J]. 会计研究, 2007 (7): 44 – 52.

[124] 张功富, 宋献中. 2009. 我国上市公司投资: 过度还是不足? ——基于沪深工业类上市公司非效率投资的实证度量 [J]. 会计研究, 2009 (5): 69 – 77.

［125］魏明海，柳建华．国企分红、治理因素不过度投资［J］．管理世界，2007（4）：88 - 94．

［126］Verdi，R. Financial Reporting Quality and Investment Efficiency. Working Paper，University of Pennsylvania，2006．

［127］姜付秀，张敏，陆正飞．管理者过度自信、企业扩张与财务困境［J］．经济研究，2009（1）131 - 144．

［128］陈燕燕，罗党论．地方官员更替与企业投资［J］．经济研究，2012（2）：18 - 31．

［129］Chen Shimin，Sun Zheng，Tang Song，Wu Donghui. Government Intervention and Investment Efficiency：Evidence from China［J］. Journal of Corporate Finance. 2011，17（2）：259 - 271．

［130］逯东，林高，杨丹．政府补贴、研发支出与市场价值［J］．投资研究，2012（9）：67 - 71．

［131］包群，邵敏．政府补贴与企业生产率［J］．中国工业经济，2012（7）：80 - 82．

［132］施炳展．补贴对中国企业出口行为的影响——基于配对倍差法的经验分析［J］．财经研究，2012（5）：70 - 81．

［133］刘峰．制度安排与会计信息、质量［J］．会计研究，2001（7）．

［134］李娜．对我国财政补贴的经济分析［D］．首都经济贸易大学，2006．

［135］冷建飞，王凯．补贴对农业上市公司盈利的影响研究——基于面板数据模型的分析［J］．江西农业学报，2007（19）．

［136］林万龙，张莉琴．农业产业化龙头企业政府财税补贴政策效率——基于农业上市公司的案例研究［J］．中国农村经济，2004．

［137］Bergstrom F. Capital Subsidies and the Performance of Firms［J］. *Small Business Economics*，2000（14）：183 - 193．

［138］Wanner，Ke. Implicit Contracts between Regulator and INDUry：Protection and deregulation in Japanese Casualty Insurance［J］. *Japan and the World Economy*，2002，14（12）．

［139］Humphries Jr，W. C. *Cash Government Grants Landowner*，2003（9）：50 - 51．

［140］Tzelepis, Skuras. The Effects of Regional Capital Subsidies on Firm Per-formance: an Empirical Study, *Journal of Small Business and Enterprise Development*, 2004（Nov）: 121 – 129.

［141］Tzelepis, Skuras. Strategic performance measurement and the use of cap-ital subsidies, *Interventional Journal of Productivity and Performance Management*, 2006（Jul）: 527 – 538.

［142］Tzeleis, Skuras. The Effects of Regional Capital Subsidies on Firm Per-formance: An Empirical Study［J］. *Journal of Small Business and Enterprise Develop-ment*, 2010（11）: 121 – 129.

［143］Skaife H, Collins D, Kinney. The discovery and reporting of internal control deficiencies prior to SOX – mandated audits［J］. *Journal of Accounting and Economics*, 2011（34）: 345 – 368.

［144］Maskin E, Qian Y, Xu C. Incentives, Information and Organizational Form. *Review of Economic Studies*, 2000（2）: 359 – 378.

［145］Hammersley J. S, A. Myers C. Shakespeare. Market reactions to the dis-closure of internal control weaknesses and to the characteristics of those weaknesses under section 302 of the Sarbanes Oxley Act of 2010［J］. *Review of Accounting Study*, 2007（13）: 141 – 164.

［146］Beason R, Weinstein D. E. GROWTH, Economies of Scale, and Targe-ting in Japan［J］. *The Review of Economics and Statistics*, 2009（2）: 286 – 295.

［147］Waterson, M. TheDirect Employment Effects of Financial Assistance to-INDUry［J］. Oxford Economic Paper, 1991（43）: 116 – 138.

［148］赵惠芳, 汪小丽, 张璇. 政府干预对地方国有企业内部控制有效性的影响研究［J］. 江西财经大学学报, 2015（2）: 41 – 49.

［149］Doyle J, Ge W, McVay S. Accruals Quality and Internal Control over Financial Reporting［J］. The Accounting Review, 2007（5）: 1141 – 1170.

［150］方红星, 金玉娜. 高质量内部控制能抑制盈余管理吗? ——基于自愿性内部控制鉴证报告的经验研究［J］. 会计研究, 2011（8）: 53 – 60.

［151］Doyle, J, W, Ge, S, McVay. Determinants of Weaknesses in Internal Control over Financial Reporting［J］. Journal of Accounting and Economics, 2007（1）: 193 – 223.

[152] 林斌，饶静．上市公司为什么自愿披露内部控制鉴证报告？——基于信号传递理论的实证研究 [J]．会计研究，2009 (2)：45–52.

[153] 程新生．公司治理、内部控制、组织结构互动关系研究 [J]．会计研究，2004 (4)：14–18.

[154] 逯东，王运陈，付鹏．CEO 激励提高了内部控制有效性吗？—来自国有上市公司的经验证据 [J]．会计研究，2014 (6)：66–72.

[155] 陈晓，戴翠玉．A 股亏损公司的盈余管理行为与手段研究 [J]．中国会计评论，2004 (12)：200–310.

[156] 陈若冰．新会计准则下上市公司盈余管理及案例研究 [D]．财政部财政科学研究所硕士论文，2012.

[157] 龚小凤．地方政府与上市公司盈余管理——非经常性损益出台后的影响．华东经济管理 [J]．2006 (2)：121–126.

[158] 金婉珍．基于新会计准则的政府补助与上市公司盈余管理实证研究 [J]．财会通讯，2012 (9)：114–116.

[159] 刘丹．新会计准则实施对上市公司盈余管理的影响研究 [D]．西南交通大学硕士论文，2009.

[160] 陆涵．西部企业政府补助的市场反应：基于沪市上市公司的经验证据 [D]．北京交通大学硕士论文，2012.

[161] 陆建桥．中国亏损上市公司盈余管理实证研究．第一版 [J]．北京．中国财政经济出版社，2002.

[162] 李吉敏．地方政府补助与上市公司盈余管理——基于新会计准则出台后的案例分析 [D]．西南财经大学硕士学位论文，2011.

[163] 林佩珊．上市公司政府补助的效益研究——基于 A 股 ST 上市公司的数据 [D]．华东理工大学硕士学位论文，2012.

[164] 刘启亮，罗乐，何威风，陈汉文．产权性质、制度环境与内部控制 [J]．会计研究，2012 (3)：52–61.

[165] 赵渊贤，吴伟荣．企业外部规制影响内部控制有效性研究——来自中国上市公司的经验证据 [J]．中国软科学，2014 (4)：126–137.

[166] 张志平，方红星．政府控制、政治关联与企业信息披露：以内部控制鉴证报告披露为例 [J]．经济管理，2013 (2)：105–114.